D1923460

Südtirol für Kinder

Ausflüge mit der Rasselbande

Foto: Josef Hackho

Naturparkhäuser
Wunderbare Welten entdecken

Naturns | Tel. 0473 668201

Tiers | 0471 642196

Toblach | 0474 973017

Truden | 0471 869247

Sand in Taufers | 0474 67754

Enneberg | 0474 506120

Abteilung
Natur
und Landschaft

Für weitere Informationen:

Amt für Naturparke
Rittner Straße 4
39100 Bozen
Telefon +39 0471 417770
Fax +39 0471 417789
naturparke.bozen@provinz.bz.it
www.provinz.bz.it/naturparke

Oswald Stimpfl

Südtirol für Kinder

Ausflüge mit der Rasselbande

Folio Verlag Wien/Bozen

Die Herausgabe dieses Buches erfolgte mit freundlicher Unterstützung der Familienhotels Südtirol – www.familienhotels.com.

DANK

Der Autor dankt herzlich allen Müttern, Vätern und Kindern, die ihn bei der Recherche für diesen Führer begleitet haben und sich als „Fotomodels" zur Verfügung gestellt haben. Ein besonderer Dank gilt auch den Tourismusvereinen und -verbänden für die wertvollen Hinweise und Anregungen.

HINWEIS

Alle Angaben erfolgen nach bestem Wissen und Gewissen. Die beschriebenen Ausflüge werden auf eigenes Risiko unternommen; Autor und Verlag übernehmen keinerlei Haftung. Für die Wanderungen wird die Mitnahme von geeignetem Kartenmaterial empfohlen oder Sie planen Ihre Wanderung mithilfe von www.trekking.suedtirol.info.

SYMBOLE

- Für welches Alter ist der Ausflug geeignet?
- Wie viel Zeit sollte man sich nehmen?
- Für Kinderwagen geeignet?
- Beste Jahreszeit, Wetter
- Schwierigkeit
- Ausrüstung
- Wie kommt man hin?
- Öffentliche Verkehrsmittel
- Was kostet es?
- Öffnungszeiten
- Adresse/Zusatzinformation
- Einkehrmöglichkeiten

BILDNACHWEIS

Archiv Folio Verlag: S. 28
Rafting Club Activ: S. 153–155
Lucio Parmeggiani: S. 52
Haunold AG.: S. 165, 167
Alle übrigen Fotos stammen von Oswald Stimpfl.

© Folio Verlag, Wien – Bozen 2009
Karten: Cartomedia, Karlsruhe
Grafik: no.parking, Vicenza
Druckvorstufe: Typoplus, Frangart
Printed in Italy
ISBN 978-3-85256-485-2
www.folioverlag.com

Vorwort

Jetzt ist sie da, die Neuausgabe des erfolgreichen Kinder-Ausflugsführers für Südtirol! Vollständig überarbeitet, drei Viertel der Ziele neu, insgesamt 14 Ziele mehr als in der früheren Ausgabe. Umfassend bebildert und praktisch nach Regionen gegliedert, finden Sie über 100 Tipps für Familienausflüge, die Spaß machen; viele der Angebote eignen sich auch dann, wenn die Sonne nicht lacht. Schluss mit Museumsbesuchen zum Gähnen: Es gibt auch Einrichtungen, wo Anfassen erwünscht ist und Sie sich nicht flüsternd unterhalten müssen. Unsere Entdeckungstouren quer durch Südtirol gehen zum Lama- oder Eseltrekking, zum Bogenschießen in der Ritterburg, ins Bergwerk und in den Hochseilklettergarten; sie schließen Badespaß, Rad- und Raftingtouren ebenso ein wie Schiffs- und Bahnfahrten.
Kinder sind wissbegierig: Damit Sie unterwegs nicht nur mit Fragen gelöchert werden, sondern auch etwas zu antworten und zu erzählen wissen, liefert dieser kleine schlaue Band auch kurze Geschichten und interessante Hintergründe, die Sie an Ihre kleinen Begleiter weitergeben können.
Alle Ziele sind kinderleicht zu finden: Karten in den Umschlagklappen und Skizzen erleichtern die Orientierung. Unter „Infos in Kürze" beschreibe ich die Anfahrt, verrate aber auch, wie Sie mit öffentlichen Verkehrsmitteln hinkommen; ich nenne Öffnungszeiten, Eintritts- oder Fahrpreise, weise den Weg zu kinderfreundlichen Gaststätten und führe die Adressen der Ausflugsziele an – mit Telefonnummer und etwaiger Internet-Adresse zum Recherchieren vorab.
Auch Einheimische, insbesondere LehrerInnen auf Suche nach einer coolen Klassenfahrt, werden Anregungen finden und mit diesem Büchlein unbekannte Seiten Südtirols entdecken. Überraschen Sie Ihre Rasselbande am kommenden Wochenende doch mit einem ungewöhnlichen, erlebnisreichen Ausflug. Viel Spaß!

Oswald Stimpfl

Oswald Stimpfl, 1946 in Bozen geboren, kennt Südtirol wie seine Westentasche. Als Vater dreier Kinder weiß er, was dem Nachwuchs gefällt. Der begeisterte Wanderer verfasste zahlreiche Reiseführer, bei Folio sind bisher erschienen: „Südtirol für Genießer" (2009), „Südtirol für Insider" (Neuausgabe 2009), „Erlebnis Vigiljoch" (2008), „Verliebt in Südtirol" (2007), „Landgasthöfe in Südtirol" (2006), „Landgasthöfe im Trentino" (2004), „Bozen kompakt" (2002) und gemeinsam mit Georg Oberrauch „Schneeschuhwandern in Südtirol" (2004) und „Schneeschuhwandern in den Dolomiten" (2005).

1 Schiff ahoi!

AM RESCHEN IN SEE STECHEN

An der nordwestlichen Grenze zu Österreich liegt Südtirols größtes Gewässer, der gestaute Reschensee. Mit einer frischen Brise im Rücken legt seit einigen Jahren ein Schiff an seinem Ufer ab. Was liegt näher, als einen Ausflug im Obervinschgau mit einer Schifffahrt zu verbinden?

Was Kindern gefällt

Seen gibt es in Südtirol viele, doch wo können die Kinder schon an Bord eines richtigen Schiffes gehen? Zugegeben, „MS Hubertus Interregio", das Vinschger Schiff, ist kein Mississippi-Dampfer, aber doch stattlich genug, um Tretboote daneben blass aussehen zu lassen. „Hubertus" ist ein **Motorschiff**, aus schön lackiertem Holz, mit überdachtem und verglastem Passagierraum, einem großen **Steuerrad** – und einem richtigen Kapitän mit Kapitänsmütze. Kleiner Tipp unter Matrosen: Wer höflich fragt, darf die Mütze schon mal selbst aufsetzen und Hand ans Steuer legen.

GESCHICHTE UND GESCHICHTEN

Leinen los!, heißt es in Reschen; dann geht die Fahrt über den See bis zum Kirchturm, der ausschaut, als sei er Baden gegangen. Freiwillig steht er nicht im Wasser. Der Turm ist das letzte Überbleibsel von Alt-Graun. Um elektrische Energie zu gewinnen, wurde 1949 ein Staudamm aufgeschüttet, die alten Bauernhäuser und das Kirchenschiff wurden gesprengt und die fruchtbaren Wiesen und Felder überflutet. Übrig blieb nur der **Kirchturm**. Vielleicht kann man im Wasser noch ein paar Ruinen des versunkenen Dorfes erkennen, wer weiß ...

Aber wie kam „Hubertus" auf den Reschensee? Rührige Gemeindeverwalter von Reschen-Graun haben das Motorschiff am Starnberger See entdeckt, gekauft und keine Schwierigkeiten gescheut, es hierher zu transportieren. Es ist 28 Meter lang, hat 50 Sitzplätze und wurde 1937 gebaut. Den Zusatz „Interregio" zum Namen „MS Hubertus" trägt es aufgrund der überregionalen Zusammenarbeit zwischen Südtirol, Österreich und der Schweiz zur Finanzierung des Projekts. Der Kapitän und Pächter, Arthur Winkler, musste eigens den Bootsführerschein erwerben und sich mit der Technik von „Hubertus" vertraut machen, um das Schiff sicher steuern zu können.

Tipp

Bei Burgeis, nahe der Schweizer Grenze und gar nicht weit von Reschen, zweigt Richtung Westen ein wunderschönes und ursprüngliches Hochtal ab. Vom dortigen Dörfchen Schlinig aus führt ein angenehmer Wanderweg (auch für robuste Kinderwagen geeignet) auf die **Schliniger Alm** im Talschluss, Gehzeit 45 Minuten. In der schön gelegenen Almhütte werden im Sommer jeden Tag Käse und Joghurt zubereitet; daneben lockt herzhafte Hausmannskost. Kindern werden die Omeletts und Apfelstrudel schmecken!

INFOS IN KÜRZE

Ab 5 Jahre
1 Stunde für die Rundfahrt
Für Kinderwagen nicht geeignet
Der Sommer ist die beste Jahreszeit für den Ausflug. Der Reschensee liegt auf 1478 m Höhe, da kann es bei bewölktem Himmel empfindlich kühl werden.
Sicherheitshalber Pullover und Windjacke einpacken!
An der südlichen Dorfeinfahrt von Reschen führt eine Straßenunterführung zur Anlegestelle am See; Parkplatz.
Bus (Nr. 272 und 273) ab Bahnhof Mals
Schiff-Fahrkarte: 6,50 €; Kinder unter 12 Jahren frei

Mitte Juli bis September, Mo–So, Abfahrt in Reschen um 15 Uhr, in der Hochsaison außerdem um 11 und 17 Uhr. Sonderfahrten auf Anfrage
Tourismusverein, Tel. 0473 737090, www.reschenpass.it
Café Seestrand in Reschen, kalter und warmer Imbiss, Spielwiese, Minigolfanlage. Tel. 0473 633183
Giernhof, Urlaub auf dem Bauernhof und Hofschank, an der Südseite des Sees, Haustiere, Spielplatz, Kutschenfahrten, Hausmannskost, Sonnenterrasse. Giernhof 61, Reschen, Tel. 347 8830763 oder 0473 633152, www.giernhof.it

2 Zeitreise in die Ritterzeit

ZUR CHURBURG BEI SCHLUDERNS

Bei Schluderns im oberen Vinschgau, mit Blick auf den vergletscherten Ortler, erhebt sich die Churburg. Sie ist eines der prächtigsten und am besten erhaltenen Renaissance-Schlösser Südtirols. Wesentliche Teile der imposanten Burganlage sind für Besucher zugänglich; die einzigartige Rüstkammer genießt Weltruf.

Was Kindern gefällt

Beim Anblick der Rüstkammer schlägt die Fantasie Purzelbäume. Welches Kind hat nicht schon von Burgfräulein, finsteren Burgverliesen, feurigen Reitern in glänzenden Rüstungen, Ritterkämpfen mit klingenden Schwertern und Schlossgeistern geträumt? Eine der hier ausgestellten Rüstungen ist 2,10 Meter hoch; der Matscher Ritter, der da hineinpasste, war ein Riese von einem Mann, damals, als die Männer im Durchschnitt etwa 1,60 Meter groß waren! Eine andere Rüstung scheint dagegen zu kurz geraten. Doch falsch: Ungefähr zehn Jahre alt war der Knirps, der bei Kinderturnieren in dieser kleinen, aber schweren Eisengarderobe steckte. Die kleinen Ritter unserer Tage faszinieren die vielen Waffen: Lanzen, Morgensterne, Schwerter und Armbrüste, aber auch die zinnenbewehrte Anlage insgesamt mit ihren Schießscharten und Pechnasen sowie dem Bergfried mit seinen meterdicken Mauern. Der Eingang des Bergfrieds liegt übrigens auf halber Höhe und war somit nur über eine Leiter zugänglich. Herr Tschenett, der durch das Schloss führt, kann herrlich spannende Geschichten erzählen – Langeweile kommt auf dieser Ritterburg bestimmt nicht auf!

GESCHICHTE UND GESCHICHTEN

Auch Ritter werden klein geboren: Über den Ursprung und die Bedeutung der außergewöhnlichen Wandmalereien im Arkadengang wird folgende Geschichte erzählt: Der junge Graf Matthäus Gaudenz, einziger männlicher Nachkomme und zum Herrscher bestimmt, beschloss eines Tages, **nicht mehr zu wachsen** und ein Kind zu bleiben. Mit immer neuen Ausreden umging er die Pflichten der Großen. Sein Vater ließ eigens für ihn eine Rüstung anfertigen (diese Kinderrüstung steht noch heute in der Churburg); Matthäus sollte Fechtkunst, Waffenkunde und Kriegstaktik lernen. Doch der kleine Sturkopf hielt seinen Vater hin, er solle ihm noch ein einziges Jahr gewähren. In diesem Jahr wolle er die Wände des Arkadengangs schmücken und dann das ernste Leben beginnen. Das Jahr war schon fast verstrichen, doch die Wände waren immer noch weiß, dem jungen Grafen fiel nichts ein, was er malen könnte. Da ging er verzweifelt in den Wald im Matscher Tal. Plötzlich hörte er piepsige Stimmen. Es waren die Vögel, die ihm versprachen, sie würden ihm allerlei Fantastisches erzählen, falls er die Jagd auf die Tiere des Waldes verböte. Matthäus versprach es – und die Vögel erzählten ihm die verrücktesten Dinge. Der kleine Graf verzierte die Wände mit Motiven dieser Geschichten, sein Vater war zufrieden und stolz auf das Werk seines Sohnes. Schließlich trat Matthäus das Erbe an und verbot die Jagd im Matscher Tal. Er soll ein guter und weiser Herrscher gewesen sein, vielleicht weil er eine glückliche Kindheit hatte. Ob er auch gewachsen ist? Und wie: Matthäus Gaudenz ist der Matscher Ritter, der in die über zwei Meter große Rüstung passte!

Tipp

Südwestlich vom Schluderns liegt das **Biotop** der **Schludernser Au**, ein weitläufiges, 126 Hektar großes Gelände mit Erlenwäldern, Tümpeln, Mooren und Feuchtwiesen, dazwischen fließt der Puni-Bach in weiten Schleifen träge dahin. Auf einem zweistündigen markierten Rundgang kommt man an einem Dutzend Schautafeln vorbei, die die vielfältige Pflanzen- und Tierwelt dieser Obervinschgauer Aulandschaft erklären. (Ausgangspunkt beim Sportplatz; Info und Faltblatt im Tourismusbüro Schluderns, Tel. 0473 737074)

INFOS IN KÜRZE

Ab 5 Jahre
1 Stunde für die Führung
Für Kinderwagen nicht geeignet
Der Ausflug eignet sich von März bis Oktober.
Freizeitkleidung
Beschilderte Zufahrt ab Schluderns, Parkplatz. Oder in 10 Minuten ab Schluderns auf schönem Fußweg.
Vinschger Bahn ab Meran bzw. Mals bis Schluderns
Eintritt Churburg für Erwachsene: 8 €; Senioren: 7 €; Familien: 17 €; Ermäßigung für Gruppen, Jugendliche, Studenten, Kinder, Schüler
Mitte März bis Ende Oktober, Di–So 10–12, 14–16.30 Uhr; durchgehend Führungen, letzte Führung um 12 bzw. 16.30 Uhr. Besichtigung ist nur mit Führung möglich.
Churburg, Schluderns, Tel. 0473 615241, www.churburg.com
Hotel Alte Mühle, Pizzeria, Restaurant, Hotel, selbstgebackenes Brot und Mehlspeisen. Matscher Winkel 24, Schluderns, Tel. 0473 615238, www.hotel-alte-muehle.com, wie die Churburg Mo Ruhetag

3 Eine Reise in nasse Welten

ZU DEN FISCHEN IN AQUAPRAD

Das Besucherzentrum des Nationalparks Stilfser Joch widmet sich dem Schwerpunkt Wasser. 2003, im internationalen Jahr des Wassers, wurde es im Dorfzentrum von Prad eröffnet. Es bietet in anschaulicher Weise Einblicke in das Leben im nassen Element. Große und kleine Besucher tauchen in die nahe und doch so fremde Welt der heimischen Fische ein.

Was Kindern gefällt

Hinter dicken Scheiben tut sich ein blauer, kühler, unheimlicher und lautloser Raum auf, faszinierend und unbekannt. Kinder stehen direkt in Augenhöhe gebannt vor den ruhig dahinsegelnden Wasserbewohnern, nur die Panzergläser trennen beide Welten voneinander. Vom Untergeschoss blicken die Besucher durch die **Panoramafenster** in die **Unterwasserlandschaft** des Freilandteiches. In 14 verschiedenen Aquarien tummeln sich einheimische Fischarten. Interaktive Einrichtungen animieren zum Mitmachen, Anfassen und Erleben. Auch die Naturräume Bach, Moor und Auwald mit ihren Bewohnern werden erklärt.

GESCHICHTE UND GESCHICHTEN

Der Nationalpark Stilfser Joch ist mit mehr als 130 000 Hektar Ausdehnung der größte Nationalpark Italiens. Er erstreckt sich über die Provinzen Südtirol, Trentino, Brescia und Sondrio. Die lokalen Verwaltungsbüros des Parks arbeiten mit den Tourismusvereinen zusammen, um eine sanfte Erschließung durch den Menschen zu garantieren. Die Angebote – geführte Wanderungen, Diavorträge und Exkursionen – werden von den Besuchern gern angenommen. Nicht überall ist auch die Bevölkerung mit dem Nationalpark Stilfser Joch zufrieden. Das hängt wohl auch damit zusammen, dass der Park 1935, in Zeiten der faschistischen Diktatur, geschaffen wurde, ohne die Betroffen mit einzubeziehen. Die Schaltzentren lagen weit entfernt in italienischen Nachbarprovinzen. In Südtirol sind die Vorbehalte bis heute größer als im Trentino und in der Lombardei. Ein großes Konfliktthema ist die Jagd, die im Park verboten ist – doch die Wildschäden in Forst- und Landwirtschaft sind beträchtlich. Außerdem werden die Einschränkungen der Nutzungsaktivitäten bemängelt, seinerzeit wurden die Parkgrenzen nämlich willkürlich gezogen, auch Kulturland und Dörfer liegen innerhalb des Parkgebietes. Doch die Einstellung zum Nationalpark verbessert sich allmählich: Sein Wert für die Erhaltung der natürlichen Landschaft und den Schutz wilder Pflanzen und Tiere sowie der positive Einfluss auf den Tourismus werden mehr und mehr erkannt.

Tipp

Wenige Autominuten von Prad entfernt lockt ein kulturelles Kleinod, dessen Besuch auch Kindern Spaß macht: Glurns im oberen Vinschgau ist die kleinste Stadt Italiens, ein mittelalterliches Juwel, eingebettet in eine malerische Gebirgslandschaft. Als einzige Stadt Tirols ist Glurns noch von vollständig erhaltenen, wehrhaften Stadtmauern umgeben, ausgestattet mit Stadttoren und mächtigen Wehrtürmen, mit Schießscharten und Pechnasen. Für die Kirche war innerhalb der Mauern kein Platz; sie wurde außerhalb errichtet. Kinder können über steile Treppen den hölzernen Wehrgang erklimmen und auf der Innenseite der Wehrmauer entlangschleichen.

INFOS IN KÜRZE

Ab 6 Jahre
Mindestens 1 Stunde
Für Kinderwagen geeignet
Der Ausflug eignet sich ganzjährig, wetterunabhängig.
Freizeitkleidung
Das Museum liegt im Dorfzentrum von Prad.
Bus (Nr. 271) ab Bahnhof Mals bzw. Bahnhof Schluderns
Erwachsene: 6 €; Familienkarte (2 Erwachsene mit Kindern zwischen 7 und 14 Jahren): 13 €; Kinder bis 6 Jahre frei; Ermäßigungen für Senioren, Behinderte, Studenten, Gruppen, Schulklassen usw.
Ganzjährig geöffnet (außer Allerheiligen, 1. November). Di–Fr 9–12 und 14.30–18 Uhr; Sa, So und feiertags 14.30–18 Uhr; Mo auch feiertags geschlossen.
aquaprad, Kreuzweg 4c, 39026 Prad am Stilfser Joch, Tel. 0473 618212, www.naturatrafoi.com; **Tourismusverein Prad**, Tel. 0473 616034, www.prad.it; **Nationalparkbüro Glurns**, Tel. 0473 830430
Weißes Rössl, historischer Landgasthof und Hotel, Top-Küche, alte Stuben, Terrasse, ganz in der Nähe große Schlossruine, schöner Kinderspielplatz. Mo und Di mittags geschlossen. Lichtenberg, Marktweg 8, Tel. 0473 618284, www.weisses-roessl.bz.it

4 Spielwiese zu Füßen des Ortlers

ZU DEN HEILIGEN DREI BRUNNEN IN TRAFOI

Von der Straße aufs Stilfser Joch zweigt bei Trafoi ein Sträßchen ab, das Richtung Talschluss führt. Dort steht auf einer großen Wiese das Kirchlein zu den Hl. Drei Brunnen. Dieser Platz ist Magie: Einsam und am Ende des von Gletschern und Bächen geformten Tals liegt dieser kleine Wallfahrtsort. Vom Dörfchen Trafoi aus sind es rund 40 Minuten Fußweg durch Wiesen und Wälder, mit dem Auto sind es fünf Minuten bis zum Parkplatz in der Nähe des Kirchleins.

Was Kindern gefällt

Für einen Familienausflug ist der Ort bestens geeignet, es gibt große Wiesen zum Spielen, einen Bach mit einem breiten Bett, Quellen und überall Wasserrinnsale. Im Wäldchen vor der Brücke, die zum Kirchlein führt, finden sich jede Menge gut ausgestatteter **Grillplätze** mit Tischen und Bänken, etliche sogar überdacht. Die kleinen Feuermeister können nun ausschweifen, um trockenes Brennholz und Tannenzapfen für das Grillfeuer zu sammeln – das sollte in den weiten Wäldern nicht zu schwierig sein! Die Größeren können die Zeugen der Volksfrömmigkeit bestaunen: die Brunnenfiguren Jesus, Maria und Johannes – aus deren Oberkörpern ursprünglich das Wasser floss –, die **Holzprothesen** als Zeugnisse für erlangte Heilung von Gebrechen, die rührenden Votivbilder, die geschriebenen und gemalten Geschichten vom Hirten Moritz und natürlich die Marienstatue in der Kirche.

GESCHICHTE UND GESCHICHTEN

Die unbestätigte Überlieferung besagt, dass an der Stelle der Gnadenkirche zu den Hl. Drei Brunnen ein heidnisches Heiligtum stand. Was die drei Brunnen betrifft, erzählt die Legende, dass im Jahr 1229 der fromme Hirte Moritz überrascht beobachtete, wie aus einem Felsen drei Quellen hervorbrachen. Jede der drei Quellen führte ein Kreuz mit sich. Der Hirte langte danach, konnte zwei erhaschen, das dritte schwamm davon. Eines der Kreuze soll in die Stilfser Kirche, das zweite in die Kirche St. Johann im Münstertal gekommen sein. Dem Wasser der drei Brunnen, werden Heilkräfte zugeschrieben. Bereits um 1500 setzten Wallfahrten zu dem magischen Ort ein, eine Kapelle wurde erbaut, die bald zu klein war, so dass wenig entfernt ein neues Kirchlein errichtet werden musste. Zahlreiche schöne Votivbilder berichten davon, dass Menschen in Not erhört worden seien. In einem Brunnenhaus neben der Kapelle rieseln drei Wässerlein über Steine und sammeln sich in einem Steintrog, darüber ist ein Bild angebracht, das die erwähnte Legende erzählt.

Die Marienstatue wird jedes Jahr am Pfingstmontag in einer feierlichen Prozession von der Trafoier Kirche zum Kirchlein bei den Hl. Drei Brunnen getragen, am letzten Sonntag im September wird sie wieder in die Trafoier Kirche zurückgebracht. Viele Fromme und Schaulustige nehmen an der Prozession teil; sie ist zu einem echten Volksfest geworden.

Tipp

Die Tische und Bänke bei dem Kirchlein laden geradezu ein, eine Jause zu verzehren! Dort im Freien schmecken die mitgebrachten und frisch gegrillten Leckereien besonders gut. Kinder entpuppen sich am Grill bestimmt als fleißige Hilfsköche!

INFOS IN KÜRZE

- Ab 4 Jahre
- Halbtagesausflug
- Für Kinderwagen geeignet
- klassischer Sommerausflug
- Freizeitkleidung
- Trafoi, Start beim Nationalparkhaus Naturatrafoi, Markierung 18, vorbei an der Pfarrkirche, über Wiesen zum Campingplatz, durch romantischen Fichtenwald, an der Kaserne der Finanzwache vorbei, auf dem breiten Holzsteg über das Bachbett des Trafoier Bachs zum gut sichtbaren Kirchlein. Gehzeit 40 Minuten
- Bus (Nr. 271) ab Mals über Prad
- Freier Zugang
- **Tourismusbüro Sulden**, Ferienregion Ortlergebiet, 39029 Sulden, Tel. 0473 613015, www.sulden.com
- **Hotel Bella Vista**, zu Gast bei Gustav Thöni, Skilegende und ehemaliger Star des Skizirkus. Das Haus ist eines der Südtiroler Familienhotels, Kinder sollten sich hier wohl fühlen. Die gute Küche ist bekannt. Trafoi, Tel. 0473 611716, www.bella-vista.it, Mo Ruhetag

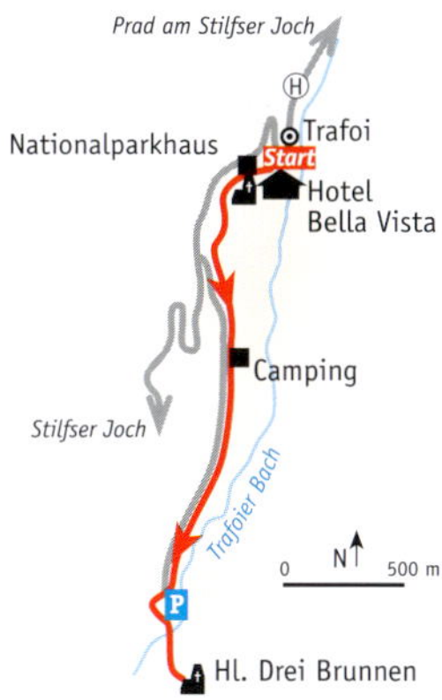

5 Wo Bären baden

ZUR KNEIPPANLAGE BÄRENBAD IN SULDEN

Im hintersten Sulden liegt auf 1900 Metern die höchste Kneippanlage Südtirols. Unter freiem Himmel, in Angesicht des Dreigestirns von Ortler, Zebru und Königsspitze ist das große Terrain in ein idyllisches Waldgebiet eingebettet. Das kristallklare eiskalte Wasser einer Quelle füllt Bachbett und Becken, in denen es sich gut kneippen, aber auch munter planschen lässt.

Was Kindern gefällt

Das kühle Nass speist einen Wasserfall und einen kleinen Bach, plätschert über Rinnen, füllt Holztröge und ein **Wassertretbecken**. Tische, Bänke und Brunnen laden zum Verweilen ein. Während die Eltern die Jause vorbereiten oder gemütlich ein Buch lesen, genießen die Kleinen das Toben im Wasser. Auch wenn Pfarrer Kneipp solche Anlagen seinerzeit als Teil seiner Naturheilmethode errichtet hat – gegen puren Wasserspaß hätte auch er sicher nichts gehabt.

Tipp

Die **Schaubachhütte** ist ein leichtes Wanderziel von Sulden aus. Der Weg zur einladenden Berghütte auf 2583 Metern führt gleich zu Beginn an der Kneippanlage vorbei (Gehzeit: 2 Stunden). Gehfaule nehmen die Seilbahn und wandern in knapp 1½ Stunden zurück.

GESCHICHTE UND GESCHICHTEN

Sebastian Kneipp (1821–1897) gilt als der bekannteste Wasserdoktor. Er entdeckte durch seinen eigenen Leidensweg – er erkrankte an Tuberkulose und gesundete wieder – die heilende Kraft des Wassers und begründete die moderne Wasserheilkunde. Viele haben vom Wassertreten gehört und wissen grob um dessen Vorteile. Die Kneipp-Therapie umfasst allerdings weit mehr: Der Einsatz von Heilpflanzen, Bewegung, ausgewogene Ernährung und ein gesunder Lebenswandel bilden die ganzheitliche Idee der Kneipp-Therapie. Die Behandlung dient in erster Linie der Vorbeugung durch Abhärtung und führt zu geringerer Infektionsanfälligkeit sowie höherer Belastbarkeit. Sicher kennen Sie den Spruch: „Vorbeugen ist besser als heilen." Jetzt kennen Sie auch seinen Autor, es ist Pfarrer Sebastian Kneipp.

Doch warum heißt die Anlage in Sulden Bärenbad? Nun, in letzter Zeit wurden wiederholt Bären gesichtet, wahrscheinlich sind es Tiere, die zu einem Wiederansiedlungsprojekt im nahen Trentino gehören. Und früher wurden die Suldner wegen der Abgeschiedenheit ihres Ortes gehänselt: In Sulden würden Bären und Suldner gemeinsam aus einer Schüssel essen, hieß es. Tatsache ist, dass es in Sulden ungewöhnliche Viecher gibt: den Schneemensch Yeti und die Yaks von Reinhold Messner beim Wirtshaus Yak & Yeti – und neuerdings die Bären, für die in der Kneippanlage eine Badewanne errichtet wurde.

INFOS IN KÜRZE

Ab 4 Jahre
1 Stunde mindestens
Für Kinderwagen geeignet
Der Ausflug eignet sich für warme Sommertage.
Freizeitkleidung, Handtücher nicht vergessen
Durch den Ort Sulden zur Zivilschutzhalle und dem Parkplatz der Seilbahn
Bus (Nr. 271) ab Mals über Prad

Freier Zutritt
Tourismusbüro Sulden, Tel. 0473 613015, www.sulden.com. Mehr Infos übers Kneippen: Südtiroler Kneippbund, c/o Bildungshaus Kloster Neustift, Stiftsstraße 1, 39040 Vahrn, Tel. 0472 824360, www.kneipp.it
Yak & Yeti, der Hofschank von Reinhold Messner. Sulden 55, Stilfs, Tel. 0473 613266

6 Sommerfreuden am See

ZUM QUELLENSEE IN GOLDRAIN

Wer Ruhe, Natur, Wasser und eine tolle Liegewiese sucht, für den ist der Quellensee das Richtige. „See" ist eigentlich etwas übertrieben: Es ist ein schöner Teich inmitten großer Wiesen am Rand von Obstanlagen. Schon erstaunlich, dass so nahe an der Staatsstraße, so unkompliziert erreichbar, noch dazu bei freiem Zutritt, ein so schönes Gewässer auf Besucher wartet. Wer die Grillwürstchen selbst mitbringt, kann den großen Grill am Ostufer nutzen. Gegen den Durst hilft frisches Wasser vom Brunnen oder ein Besuch in der Seebar.

Was Kindern gefällt

Trockenes Reisig und Brennholz unter den Büschen und Bäumen am nahen Etschdamm sammeln, **Feuer machen**, den Tisch decken, dann am Bächlein und am Seeufer spielen, die Enten im Teich mit den Jauseresten locken, auf der Wiese Ballspielen – hier ist für Abenteuer gesorgt! In der Seebar werden auch Fischerkarten ausgegeben, möglicherweise will jemand sein Glück beim **Angeln** versuchen und mit dem Fang den Mittagstisch aufbessern? Der Quellensee ist kein Badesee.

Tipp

Bleibt noch Zeit für eine Besichtigung in Goldrain? Auf der Sonnenseite am Bergfuß, von Weingärten, Obstanlagen und Kastanienbäumen umrahmt, ließen sich die Grafen Hendl – eines der bedeutendsten Adelsgeschlechter des Vinschgaus – ihr **Wohnschloss** errichten: ein wahres Schmuckstück höfischer Renaissance-Architektur. Schöne Treppen und Arkaden, ein verspielter Balkon im venezianischen Stil, Marmoreinrahmungen an Türen und Fenstern, eine Ringmauer mit Rundtürmen, die mehr repräsentieren als abwehren, wertvolle Täfelungen und Schnitzereien – all das zeugt von einem anspruchsvollen Lebensstil. Feinfühlig renoviert dient das Schloss heute als Weiterbildungseinrichtung und kultureller Treffpunkt.

GESCHICHTE UND GESCHICHTEN

Vom Talgrund bei Goldrain aus ist die große Burganlage von Schloss Annenberg am Vinschger Sonnenhang mit ihrem mächtigen Bergfried gut zu sehen. Hier lebten vor vielen, vielen Jahren die Ritter von Annenberg. Das stolze Geschlecht trägt einen blühenden Zweig im Wappen. Darum rankt sich eine Sage, derzufolge der Ritter, von einer langen Reise zurückkehrend, die Treue seiner zurückgebliebenen Ehefrau anzweifelte. In ihrer Not wandte sich die Frau an Gott, und tatsächlich, zum Zeichen ihrer Unschuld ließ er im kalten Winter einen verdorrten Rosenzweig erblühen. Die Folge: Happy End und ein neues Wappen der Annenberger.

INFOS IN KÜRZE

Ab 2 Jahre
Mindestens 2 Stunden
Für Kinderwagen geeignet
Der Ausflug eignet sich für schöne Sommertage.
Freizeitkleidung, Liegematte, eventuell Holz oder Holzkohle für den Grill
Von der Vinschger Staatsstraße nach Goldrain abzweigen, dann durch die Unterführung, über die Etschbrücke und gleich links zum Fußballplatz, der an das Seegelände angrenzt
Vinschger Bahn bis Goldrain, von dort sind es ca. 10 Minuten zum Quellensee.
Tourismusverein Latsch-Martell, Hauptstraße 38a, 39021 Latsch, Tel. 0473 623109, www.latsch-martell.it; Infos zum Schloss Goldrain: 39021 Goldrain, Tel. 0473 742433, www.schloss-goldrain.com
Seebar, Eis für die Kleinen, Sa und So Weißwürste, Bier vom Fass für die Eltern. Tel. 320 1772233. Täglich von 10–22 Uhr geöffnet, Mo Ruhetag

Brot backen

7 Mit Ötzi in die Steinzeit

IN DEN ARCHEOPARC IM SCHNALSTAL

Ötzi, der Mann aus dem Eis, die Gletschermumie, ist zu einem weltweit bekannten Begriff geworden. Unser Besuch gilt dem Archeoparc im Schnalstal. Dort wurde im Freigelände der Museumsanlage Ötzis Lebensraum nachgebildet: Jungsteinzeitliche Hütten, Lehmkuppelöfen, Gärten und Felder mit Getreide und Hülsenfrüchten seiner Zeit geben eine Vorstellung vom Leben des Gletschermannes und seiner Zeitgenossen. Die kleinen und großen Besucher erleben rauchige Holzhäuser mit offenen Feuerstellen und die Tätigkeiten, denen die Menschen vor über 5000 Jahren nachgingen.

Was Kindern gefällt

Nackte Jahreszahlen und anschauungslose Vermittlung von Geschichte sind im Archeoparc kein Thema. Die Kleinen sind gern gesehene Gäste, für die Jung-Archäologen gibt es sogar ein eigenes Programm. Auf dieser Entdeckungsreise durch die Steinzeit darf geforscht werden: Was hat Ötzi gegessen? Wozu brauchte er die vielen Sachen, die bei ihm gefunden wurden? Wie hat er Feuer gemacht? Die Kleinen lernen Urzeit-Materialien und Werkzeuge kennen: Leder, Zunderschwamm, Feuerstein, Eibenholz, Lehm, Knochen. Es wird über dem offenen Feuer **Brot gebacken**, mit Feuersteinklingen geschnitten, **getöpfert**, zwischen Steinen Mehl gemahlen – eben **experimentiert**. Die Tatsache, dass Ötzi gewaltsam gestorben ist, dass eine tödliche Pfeilspitze in ihm steckt, macht alles noch spannender und geheimnisvoller.

GESCHICHTE UND GESCHICHTEN

Vor etwa 5300 Jahren war ein Mann in den Ötztaler Alpen unterwegs, mit schadhafter Ausrüstung und ohne Proviant. Er war angeschossen worden – ein Pfeil steckte in seinem Rücken. In eisiger Höhe und ohne Hilfe hat er diese Verletzung nicht überlebt. Am 19. September 1991 gab das Gletschereis wieder frei, was es jahrtausendelang konserviert hatte: nicht nur den Körper des Mannes, sondern auch sein Beil, seinen Dolch, seine Pfeile, seinen Mantel, seine Schuhe. Noch nie war eine so alte und gut konservierte Mumie samt Kleidung und Ausrüstungsgegenständen gefunden worden! **Der Mann aus dem Eis, Ötzi**, wurde weltberühmt. Forscherteams aus aller Welt bemühen sich seit Jahren, das Rätsel um sein Leben und Sterben zu lüften. Immer wieder gibt es neue Antworten, immer wieder tritt Unerwartetes zutage. Und noch immer sind viele Fragen offen: Wer war der Mann aus dem Eis? Wo genau hat er gelebt? Warum musste er gewaltsam sterben?

Tipp

Das sollten Sie im Schnalstal unbedingt gesehen haben: **Karthaus, ein ehemaliges Kloster**. Im 14. Jh. gründeten Karthäusermönche in der Abgeschiedenheit des Schnalser Hochtals ein Kloster. Als es 1782 aufgehoben wurde, nahmen die Bauern der Gegend von den leer stehenden Gebäuden Besitz. 1924 brannte die Anlage großteils ab. Dennoch sind heute im idyllischen Dörfchen Karthaus noch wesentliche Bauteile des ehemaligen Klosters erkennbar, darunter Teile der Klostermauern, des Kreuzganges und der Mönchszellen. Interessant ist auch der Friedhof mit ungewöhnlichen schmiedeeisernen Kreuzen des Künstlers Martin Rainer.

INFOS IN KÜRZE

Ab 6 Jahre
2 Stunden
Für Kinderwagen geeignet
Westlich von Naturns zweigt das Schnalstal Richtung Norden ab.
Bus (Nr. 261) ab Bahnhof Naturns
Erwachsene: 8 €; Kinder ab 6 Jahren, Studenten, Senioren, Behinderte, Gruppen ab 15 Personen: 6 €; Führung: 2 €. Sonderführungen nach Vereinbarung auch außerhalb der Öffnungszeiten
Anfang April bis Anfang November, Di–So 10–18 Uhr, im Juli und August auch Mo geöffnet
Archeoparc Schnalstal, Unser Frau 163, 39020 Schnalstal, Tel. 0473 676020, www.archeoparc.it
Tourismusverein Schnalstal, Tel. 0473 679148, www.schnalstal.it
Hotel Goldenes Kreuz, neu, aber mit Stil, ungewöhnlich, urig und geschmackvoll die Gerichte nach dem Motto: Essen wie zu Ötzis Zeiten. Unser Frau 27, Schnals, Tel. 0473 669688, www.goldenes-kreuz.com, Mi Ruhetag
Schnalser Unterwirt, altes Dorfgasthaus mit neuem Schwung, auch Pizzeria, urige getäfelte Stube. Unser Frau 36, Schnals, Tel. 0473 669676, www.schnalser-unterwirt.com, Do Ruhetag

8 Kombispaß mit Bahn und Rad

AUF ERKUNDUNGSTOUR DURCH DEN VINSCHGAU

Der Vinschgau ist unbestritten eines der schönsten und vielseitigsten Alpentäler, die schöpferische Hand der Natur hat hier mit einer kontrastreichen Landschaft eine faszinierende Vielfalt geschaffen: Fels und Eis des Hochgebirges, Almen und Bergwälder, sonnenverwöhnte Mittelgebirgsterrassen, Obstgärten, Rebhügel und Kastanienhaine. Am umweltschonendsten und geruhsamsten lässt sich diese Gegend per Bahn und Fahrrad erkunden.

Was Kindern gefällt

Durch den Vinschgau führt ein gut ausgeschilderter Radweg der über weite Strecken die Etsch begleitet. Kinder lassen sich von der **schönen Strecke** gewiss am nachhaltigsten begeistern, wenn noch Gleichaltrige dabei sind; nehmen sie also am besten befreundete Familien mit auf diesen Ausflug. Dann ist bestimmt keine Strecke zu lang, keine der – im Übrigen wenigen und absolut mäßigen – Steigungen zu schwer: Die Kleinen flitzen voraus, statt gelangweilt angetrieben werden zu müssen. Das klappt erst recht, wenn unterhaltsame Ziele locken, und davon gibt es eine Menge an der Strecke: Schlösser, Burgen, Ruinen, Freibäder, Spiel- und Grillplätze – und in Staben einen **Erlebnisbahnhof** (So im Sommer)!

GESCHICHTE UND GESCHICHTEN

Im Jahr 1906 wurde die Vinschger Bahn eingeweiht, im Jungfernzug saß Erzherzog Eugen und winkte gnädig. Eine begeisterte Menschenmenge, Musikkapellen und Vereine begrüßten an der Strecke und den Bahnhöfen den mit Prominenz besetzten Zug auf der Fahrt von Meran nach Mals. Pläne, die Strecke bis nach Landeck zu verbinden, waren in der Schublade. Die Bahn sollte ein neues Kapitel im Fremdenverkehr einläuten, der Aufstieg des Ortlergebietes zu einem bekannten Luftkurort konnte beginnen. Dann kam der Rückschlag durch den Ersten Weltkrieg. Die Bahn diente zum Nachschubtransport an die Ortlerfront. Danach erfolgte die Übernahme durch die italienischen Staatsbahnen, der Einsatz von Dieseltriebwagen – der legendären Littorina (zu Erinnerung: Littorio ist das Rutenbündel mit den Beilen, das faschistische Symbol für Einigkeit und Stärke), die Wirtschaftskrise der Zwanzigerjahre und in den 1980er-Jahren die Einstellung des Bahnbetriebes. Dann 2005 die gelungene Wiederinbetriebnahme und der Beginn einer tollen Erfolgsgeschichte.

Tipp

Lassen Sie Ihr Rad zu Hause! Die Eventcard „Bahn und Bike“ macht es noch einfacher, an den gewünschten Zielort zu fahren, sich aufs Leihrad zu schwingen und talabwärts, der Etsch entlang, bis zur angepeilten Station zu radeln, wo das Rad wieder zurückgegeben werden kann. Für die Kleinsten gibt es Kindersitze zu mieten, oder wie wär's mit einem Kinderanhänger oder gar einem Tandem?

Bei Laas

INFOS IN KÜRZE

Ab 4–5 Jahre für kürzere Teilstrecken

Mindestens einen halben, am besten einen ganzen Tag

Warmes Sommerwetter ist am besten geeignet.

Freizeitkleidung, am besten Radhosen, auf jeden Fall Helm. Sechs Bahnhöfe auf der Strecke Meran–Mals sind mit Fahrradverleihen ausgestattet: Meran (Areal Güterbahnhof), Naturns, Latsch, Schlanders, Spondinig und Mals.

Anfahrt mit der Vinschger Bahn

Die Vinschger Bahn verkehrt im Taktverkehr mindestens stündlich.

Mit der Eventcard wird gespart: Bahn und Rad für Erwachsene: 14 €; Kinder und Jugendliche bis 16 Jahre: 7 €; nur Fahrrad, ohne Bahn: Erwachsene 10 €; Kinder: Kinderfahrrad und Helm 5 €; Bikeshuttle-Service: Radtransport von Meran nach Mals und umgekehrt: 4 € pro Rad, Tel. 329 454006

Radverleih mit variablen Zeiten von Frühjahr bis Oktober, telefonische Buchung ist zu empfehlen, Tel. 0473 201500

Vinschger Bahn, www.vinschgauerbahn.it; Fahrpläne unter der gebührenfreien Nummer 840 000 471 oder www.sii.bz.it

www.raiffeisenkasse.it www.cassarurale.it
ICH KANN'S FÜHLEN.
BOLZANO NEL CUORE.
Ich kenne die Stadt, ich kenne die Menschen, ich kenne ihre Anliegen und Chancen. Ich bin Bozen.
Conosco la città, conosco gli abitanti, conosco le loro ambizioni e le loro opportunità. Io sono Bolzano.
Bozen Bolzano
Silvia Borzaga: Beraterin, Raiffeisenkasse Bozen. Consulente, Cassa Rurale di Bolzano.

9 Im freien Fall

ZU SÜDTIROLS MÄCHTIGSTEM WASSERFALL BEI PARTSCHINS

Aus den Bergen kommend, die Meran im Nordwesten beschützen, schießt der Zielbach in einem beeindruckenden Schauspiel weit über eine Felskante hinaus. Der Partschinser Wasserfall zählt zu den höchsten und eindrucksvollsten der Alpen. Ein kurzer, bequemer Steig erschließt eine Aussichtskanzel, während ein kurzer Fußweg zum Fuß des Wasserfalls führt.

Was Kindern gefällt

Zur Zeit der Schneeschmelze oder nach starken Regenfällen donnern zwischen 4000 und 10000 Liter Wasser pro Sekunde fast 100 Meter in die Tiefe: Je nach Windrichtung und -stärke weht einem ein Tröpfchennebel ins Gesicht, in den die Sonne Regenbogen zaubert. Am Aussichtspunkt unmittelbar dort, wo der Bach über die Felswand hinausschießt, stehen die Kinder hautnah bei den hinabstürzenden Wassermassen. Die Stelle ist von der Endstation des Gästebusses in wenigen Minuten erreichbar – vom Pkw-Parkplatz sind es dagegen rund 45 Minuten; von dort führt ein weiterer Fußweg (20 min) zur Stelle, wo das Wasser aufprallt. Wer sich auf diesem Steig dem Wasserfall nähert, sollte sich nicht zu weit vorwagen – durch die Gischt und die extreme Luftfeuchtigkeit bleibt nämlich keine Faser trocken!

GESCHICHTE UND GESCHICHTEN

Wo sich heute das Dorf Partschins ausbreitet, lag einst – so die Sage – eine prächtige Stadt, und beim Töllgraben ragte ein stolzes Schloss auf. Darin lebte ein Ritter in Saus und Braus, hatte dabei aber ein so steinhartes Herz, dass er beinahe seinen alten Vater, der im nahen Rabland lebte, verhungern ließ. Als der junge Ritter Hochzeit hielt, wurde bis tief in die Nacht hinein gefeiert, getanzt und gezecht – und als es gerade am höchsten herging, brach in den Bergen urplötzlich ein See aus, riesige Wassermassen stürzten herab und begruben Stadt und Schloss. Auf den Wiesen, welche die Ruinen bedeckten, wurden immer wieder alte Münzen gefunden. In der Mitte der Wiese liegt ein riesiger Stein, darunter ruht angeblich die Glocke der versunkenen Stadt begraben. An bestimmten Feiertagen läutet der Teufel damit. Vor vielen, vielen Jahren suchten die Bauern nach dieser Glocke und hatten sie beinahe ausgegraben, als plötzlich zwei Hexen dastanden, mit dem Füßen auf die Glocke stießen und dabei sprachen: „Tief in den Grund zu dieser Stund!" Da sank die Glocke noch tiefer in die Erde und der Stein senkte sich auf sie, so dass sie niemand mehr heben konnte.

Wie solche Geschichten zustande kommen? Möglicherweise hatte das Hochwasser des Zielbachs regelmäßig Unheil angerichtet – und die Schuld bei Unwettern wurde früher gerne dem sündhaften Verhalten der Menschen zugeschrieben.

Tipp

Bleibt noch etwas Zeit? Sind etwas größere Kinder mit von der Partie? Dann bietet sich in Partschins der Besuch des Schreibmaschinenmuseums an. Jugendliche der Computergeneration können sich gar nicht vorstellen, welchen Stellenwert die gute, alte Schreibmaschine im Büroalltag einst hatte und wie weit und mühsam der Weg von den ersten, von einem Südtiroler entwickelten, hölzernen Schreibmaschinen zum Seriengerät war. Eine spannende und unterhaltsame Zeitreise ist gewiss!

INFOS IN KÜRZE

Ab 4 Jahre
2 Stunden, am besten Halbtagesausflug
Für Kinderwagen nicht geeignet
Der Ausflug eignet sich vom Frühling bis zum Herbst.
Freizeitkleidung
Von der Vinschger Staatsstraße bei der Töll nach Partschins abzweigen
Bus (Nr. 213) ab Meran bis Partschins, von dort von Ende April bis Anfang November stündlich Gästebus bis zum Wasserfall
Freier Zutritt; **Schreibmaschinenmuseum**, für Erwachsene 5 €, ermäßigt 2–4 €, Kinder bis 14 Jahre in Begleitung der Eltern gratis
Tourismusverein Partschins, Tel. 0473 967157
Schreibmaschinenmuseum, Kirchplatz 10, 39020 Partschins, Tel. 0473 967581, www.schreibmaschinenmuseum.com
Gasthaus Wasserfall, gemütlicher Gastbetrieb in der Nähe der Aussichtskanzel des Wasserfalls, Terrasse, Endstation des Gästebusses. Bei größeren Gesellschaften und Vorbestellung Anfahrt mit Pkw erlaubt. Familie Haller, Wasserfallweg 55, Partschins, Tel. 0473 967274, Sa Ruhetag

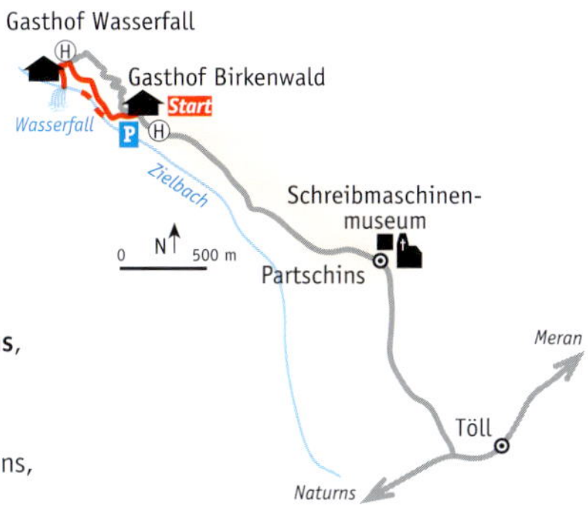

10 Vogel, flieg!

ZUM VOGELDOKTOR VON SCHLOSS TIROL

Auf dem Burghügel von Schloss Tirol befindet sich ein Pflegezentrum für Vögel. Wildvögel, die verletzt und hilflos aufgefunden werden, erfahren hier fachgerechte Pflege. Sobald ein Tier wieder „fit" ist, darf es in die freie Wildbahn zurück. Solange er aber zu schwach oder flugunfähig ist, bleibt der „Patient" in einer der über zwanzig Volieren, wo ihn Tierfreunde besuchen dürfen. Zweimal täglich finden Flugvorführungen mit gezüchteten Greifvögeln statt – ein aufregendes Schauspiel!

Was Kindern gefällt

Falken, Adler, Geier, Eulen, Bussarde – und ein Schloss mit einer Aussicht, bei der man vom Fliegen träumt! Wenn Kinder zu all dem auch noch bei der Flugschau dabei sein dürfen, werden die Erwachsenen in den folgenden Tagen wohl heftig mit Fragen zu Federn, Krallen und Schnäbeln gelöchert werden. Die mächtigen Vögel sitzen während der Vorführung auf den Lederhandschuhen der Pfleger; man kann sie von ganz nah bestaunen. Plötzlich sausen die Greifvögel dicht über den Köpfen der kleinen Zuschauer im Flug dahin.
Ein Tipp: Kommen Sie bei schönem Wetter, nicht bloß der Aussicht wegen, sondern weil dann kräftige Aufwinde herrschen; nur dann können die Greifvögel elegante Kreise am Himmel ziehen.

GESCHICHTE UND GESCHICHTEN

Jährlich werden rund 250 verletzte und hilflose Vögel in das Zentrum gebracht. Rund die Hälfte der Tiere kann später wieder freigelassen werden. Die **Pflegestation** ist eine private Einrichtung und wird von den Vogelexperten Willy Campei und Florian Gamper geleitet. Die **Volieren** sind über eine Fläche von rund 9000 Quadratmetern verteilt und über einen 300 Meter langen, promenadenartig angelegten Rundweg zu erreichen. Informationstafeln erklären die Besonderheiten der Vögel und beschreiben die ortstypische Flora. Viele Begriffe sind zusätzlich im Südtiroler Dialekt angebracht – da gibt es durchaus etwas zum Schmunzeln.

Greifvögel sind sensible Bioindikatoren und wichtige Glieder im Kreislauf der Natur. Während der Flugschau informieren die Falkner humorvoll und ausführlich über die heute seltenen Tiere, über die Gefahren, denen sie durch Hochspannungsleitungen, den Verkehr oder zum Beispiel vergiftete Mäuse ausgesetzt sind, und über den Artenschutz.

Wenn ein „Patient" wieder gesund ist, darf er in die freie Natur zurück. Ein Abschied auf Nimmerwiedersehen? Nicht immer: Ein Uhu-Pärchen hat es sich 1998 am Burgfelsen gemütlich gemacht und bekommt seither jedes Jahr dort Nachwuchs.

Tipp

Im Vinschgau und in der Meraner Gegend gibt es die **Waale**, offene Bewässerungskanäle – und wo ein Waal, da auch ein Waalweg. Insbesondere im Frühjahr, zur Apfelblüte, ist die Begehung des Plarser und des Algunder Waalweges eine wahre Augenweide. Ausgangspunkt ist die Brücke in Töll, von dort geht die Wanderung praktisch eben bis nach Gratsch – oder gleich weiter auf dem bekannten Tappeinerweg bis ins Meraner Viertel Steinach; dabei hat man eine **herrliche Sicht** auf die Dächer von Meran. Für die gesamte Strecke von knapp zehn Kilometern sind rund drei Stunden zu veranschlagen.

INFOS IN KÜRZE

Ab 5 Jahre

2 Stunden für Vorführung und Rundgang

Für Kinderwagen nicht geeignet

Ganzjährig, am besten an windstillen warmen Tagen

Freizeitkleidung

Parkplatz in Dorf Tirol; auf dem Schlossweg in 15 Minuten zu Fuß zum Schloss Tirol. Das Vogelzentrum liegt auf der Südwestseite der Burganlage; Eingang über den Garten des Schlosswirts.

Bus (Nr. 221) ab Bahnhof Meran nach Dorf Tirol oder ebenfalls ab Bahnhof Meran nach Gratsch-Thurnstein (Nr. 236); dann auf wenig befahrener Straße in 20 Minuten zu Fuß zum Schloss.

Erwachsene: 6,50–7 €; Kinder 4–4,50 €

April bis Anfang November, Di–So 10.30–17 Uhr, Flugvorführungen um 11.15 und 15.15 Uhr

Pflegezentrum für Vogelfauna, Schloss Tirol, Schlossweg 25, 39019 Dorf Tirol, Tel. 0473 221500, www.gufyland.com

Gasthaus Schloss Tirol, Teil der Anlage, schöne Gartenterrasse. Tel. 0473 443125, Mo Ruhetag

Schloss Thurnstein, 20 Minuten zu Fuß ab Schloss Tirol, schöne Aussicht. Tel. 0473 220255, Do Ruhetag

11 Wasser-Wosser

UNTERWEGS AUF DEN WAALWEGEN BEI MERAN

Damit Kindern gerne wandern, muss schon was los sein! In Kuens bei Meran, am Eingang zum Passeiertal, wird Sprösslingen garantiert nicht langweilig. Es geht auf einem großteils ebenen Wanderweg am Kuenser Waal entlang – das fließende Wasser ist ein munterer Begleiter. Am Ziel gibt es das Gasthaus Longfall und am Start- und Endpunkt der Wanderung ein Traktormuseum.

Was Kindern gefällt

Einmal ist da der ebene Waal-Wanderweg, der sich den Berg entlang schlängelt. Dann gibt es für die kleinen Ausflügler die **Mega-Spielwiese** beim Gasthaus Longfall. Und schließlich lockt das Gasthaus Ungerichthof mit einer absoluten Rarität, einem kleinen privaten **Traktormuseum**: Dort stehen sie, die treuen Helfer des Landwirts, vom Mini-Traktor bis zum Ehrfurcht erregenden LANZ-Bulldog, der mit einem Gewicht von sieben Tonnen wohl einer der größten Traktoren der Welt ist. Das freut nicht nur die Kleinen, da erwacht auch bei vielen Vätern das Kind im Manne!

GESCHICHTE UND GESCHICHTEN

Waale sind sorgfältig angelegte, zum Teil jahrhundertealte **Bewässerungskanäle**. Sie leiten das Schmelzwasser der Gletscher ab und führen es über große Entfernungen zu Wiesen und Feldern. In manchen Sommern fällt zu wenig Regen, um Landwirtschaft ohne künstliche Bewässerung zu ermöglichen. In Zeiten, als es noch keine groß angelegten Bewässerungsanlagen gab, wussten die Bauern dem Wassermangel auf andere Weise zu begegnen: Sie errichteten die erwähnten Waale, die noch heute wie Lebensadern die Berghänge des Vinschgaus und des Meraner Beckens überziehen. Ihr Bau mit Brücken und Tunnels und ihre Instandhaltung waren schwere Arbeit für einen eigenen Berufsstand: den Waaler. Noch heute lässt da und dort ein Wasserrad eine **Schelle** erklingen, als verlässliches Zeichen: Das Bewässerungswasser (Wasser-Wosser) fließt und der Waal ist somit intakt. Entlang vieler Waale sind aus den früheren Instandhaltungswegen schöne, angenehme Wanderwege entstanden, so wie am Kuenser Waalweg.

Wegverlauf

Sie starten beim Parkplatz in der Nähe des Gasthofs Ungericht oberhalb vom Ort Kuens. Der Weg Nr. 2 geht durch Wiesen aufwärts, nach einer guten halben Stunde treffen Sie auf den Einstieg zum **Waalweg**, der nun eben mit schöner Aussicht ins Spronser Tal führt. Am Ende des Waalweges, beim Finelebach (nach 1 Stunde Gehzeit), steigt der mit 27 markierte Steig in Kehren zum Gasthaus Longfall, das wunderschön in Wiesen gebettet am Fuße steiler Bergflanken liegt. Zurück geht es auf Weg 24 westwärts, über den Bach und den steilen, breiten Talweg hinab. Nach 20 Minuten ab der Brücke biegen Sie scharf links im spitzen Winkel ab, überqueren wieder den Bach und folgen der Trasse des unteren Waalweges (Weg 6), der kein Wasser führt, bis er bei der Bushaltestelle wieder in den Aufstiegsweg mündet. Gesamtdauer gut 2½ Stunden, 420 Höhenmeter, 7,7 Kilometer.

INFOS IN KÜRZE

Ab 4 Jahre
Mindestens Halbtagesausflug
Für Kinderwagen nicht gut geeignet, vor dem Gasthaus Longfall einige Steilstücke
Frühjahr bis Spätherbst, im Winter führen die Waale kein Wasser.
Freizeitkleidung
Von der Straße ins Passeiertal in den Ort Kuens abbiegen und der Straße bis zur Kirche zum Ungerichthof folgen
Bus (Nr. 240) ab Meran bis Kuens. Im Sommer Gästebus bis Ungericht. Es gibt auch einen Abholdienst vom Ungericht, Tel. 339 6082679.
Freier Zutritt, auch zum Traktormuseum
Tourismusverein Kuens, Tel. 0473 241076
Gasthaus Longfall, einfaches Gasthaus, Hausmannskost, große Spiel- und Sonnenwiese. Tel. 0473 923674, ganzjährig geöffnet, Fr Ruhetag
Gasthaus Ungericht, gemütliche Stuben und wunderbare Aussichtsterrasse. Tel. 0473 241112, ganzjährig geöffnet, Mo Ruhetag

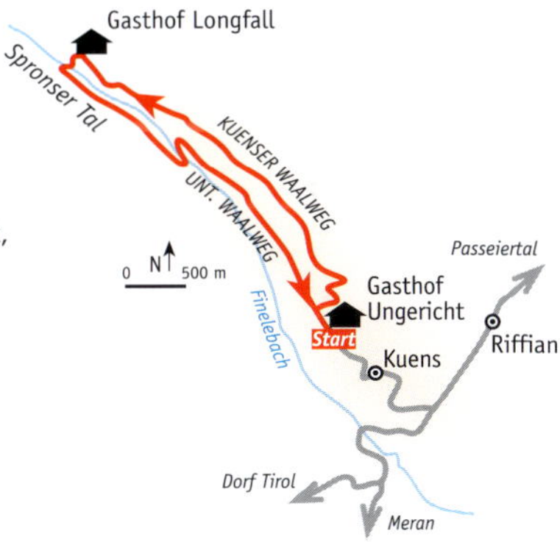

12 Pedalritter unterwegs

RADELND DURCH DAS PASSEIERTAL

Der „Pseirer Radweg“ ist rund 19 Kilometer lang und führt von Meran nach St. Leonhard in Passeier. Er verläuft ohne nennenswerte Steigungen entlang der Passer, die vom Timmelsjoch kommend durch das Passeiertal fließt und in Meran in die Etsch mündet. Da der Radweg nicht asphaltiert, sondern naturbelassen ist, ist er einer der schönsten der Region. Und die Kinder sind hier nicht durch geschwindigkeitssüchtige Rennradfahrer gefährdet.

Was Kindern gefällt

Wenn es ums Wandern geht, braucht es häufig etwas Überzeugungskunst, bis die Kleinen ihren Rucksack packen. Ganz anders beim Radeln! Warum bloß treten Kinder so begeistert in die Pedale? Radeln heißt Spaß, **Action**, **Abwechslung**! Umso mehr, wenn die Strecke so vielfältig ist und der Weg angenehm eben verläuft, wie in diesem Fall: Auf hölzernen **Brücken** und schmalen eisernen Stegen wird mehrmals der Fluss überquert. Falls die kleinen Pedalritter unterwegs über Hunger oder Durst klagen, gibt es zahlreiche Einkehrmöglichkeiten. Beim Hotel und Gasthaus Saltauser Hof, einem zinnenbekrönten, schlossähnlichen Schildhof, soll außerdem ein Hausgeist sein Unwesen treiben …

GESCHICHTE UND GESCHICHTEN

Andreas Hofer, der legendäre Anführer des Tiroler Landsturms von 1809, war der Wirt des Sandhofs in St. Leonhard in Passeier. Die entscheidenden Schlachten der Freiheitskriege gegen die Franzosen und die mit ihnen verbündeten Bayern wurden am Bergisel bei Innsbruck geschlagen. Heftige Gefechte gab es aber auch in Passeier; davon zeugt der Franzosenfriedhof in St. Leonhard, wo 230 Gefallene begraben liegen. Das Museum Passeier beim Sandwirt dokumentiert unter anderem das Leben und die Zeit Andreas Hofers – gezeigt wird etwa ein zwanzigminütiger Film. Das angeschlossene Volkskundemuseum mit Freilichtbereich schildert die Wohn- und Lebenssituation auf den Bergbauernhöfen des Passeiertals. Zu sehen gibt es eine umfangreiche Sammlung zu Brauchtum, Kunst, Handel und Handwerk, zu hören Musik, Sagen und Erzählungen. Kinder finden dieses Museum toll – auch wenn die Schafe beim nahen Stall und die Pferde des angrenzenden Reiterhofs sie schon gefangen genommen haben.

Tipp

Wenn die Truppe beim Radeln ins Schwitzen gekommen ist, gibt es ein gutes Rezept zur Abkühlung: Direkt am Radweg, in der Nähe des Sandhofes in St. Leonhard, wurde eine schöne Wassertretanlage errichtet. Also Rad abstellen, Schuhe und Socken ausziehen, Hosen hochkrempeln und im Storchenschritt langsam durch das Wasser staken, so lange es auszuhalten ist! Das regt den Kreislauf an und vertreibt die Müdigkeit. Bei der Anlage sind große Bänke und Tische für ein ausgiebiges Familienpicknick!

INFOS IN KÜRZE

Ab 5 Jahre

Für die gesamte Strecke von Meran nach St. Leonhard und zurück, bei gemütlicher Fahrweise und etlichen Einkehrstopps, ist ein ganzer Tag zu veranschlagen. Für Teilstrecken, etwa Riffian–Saltaus, reicht auch 1 Stunde.

Die Strecke ist auch ein kinderwagentauglicher Spazierweg.

Die schönste Zeit für diesen Radausflug ist der Mai, wenn die Apfelanlagen und die vielen Hecken in Blüte stehen.

Am besten Mountainbikes oder stabile Stadträder; für Rennräder ist die Strecke nicht geeignet, weil sie weitgehend gekiest oder naturbelassen ist.

Abfahrt in Meran Richtung Passeier, kurz vor der großen Brücke, welche Meran mit dem Passeiertal verbindet, rechts bleiben und dem Radweg der Passer entlang folgen.

Bus (Nr. 240) ab Meran, Radtransport beschränkt möglich

Tourismusverein St. Leonhard in Passeier, Tel. 0473 656188, **Museum Passeier**, Tel. 0473 659086, www.museum.passeier.it

Bucherkeller, sympathischer Gasthof mit schöner Sonnenterrasse, knapp oberhalb des Radwegs zwischen dem Golfplatz beim Quellenhof und dem Örtchen Mörre gelegen. Hausgemachter Speck und Kuchen, Nudelgerichte, Brettlmarende, Eigenbauwein, Eis. Tel. 0473 650015, Mo Ruhetag

Sandwirt, Geburtshaus Andreas Hofers, stilvolles großes Landgasthaus, Terrasse, Gastgarten, durchgehend warme Küche ab 11 Uhr. St. Leonhard, Tel. 0473 656143, www.sandwirt.it, Mo Ruhetag, außer im August und September

13 Frei wie Winnetou!

REITEN DURCH HAFLINGS WÄLDER

Das Bergdorf Hafling auf einer sonnigen Bergterrasse im Südosten Merans hat sich den sanften Tourismus auf die Fahne geschrieben. Die blondmähnigen, gutmütigen Haflingerpferde, die von diesem Dorf am Tschögglberg den Namen haben, spielen natürlich die Hauptrolle. In der Nähe des Kirchleins St. Kathrein, in schönster freier Lage, liegt der Sulfner, ein nettes familiäres Hotel, das sich ganz dem Pferdesport verschrieben hat.

Was Kindern gefällt

Viele kleine und große Tiere wollen beim Sulfner gestreichelt und gefüttert werden. Primadonnen sind unbestritten die blonden, gutmütigen **Haflingerpferde**. Bei den ersten Reitversuchen auf der hauseigenen Sandbahn unter fachkundiger Anleitung fassen auch die Zaghaftesten Vertrauen. Hinter dem Haus beginnen Wiesen und Wälder, einsame Wege laden zum gemütlichen Traben ein. Wer schon fester im Sattel sitzt, kann Ausflüge in der Gruppe, **Geländeritte** von einer Stunde bis zu einem Tag oder gar einen mehrtägigen Trekkingritt über die Weiten des Tschöggelberges unternehmen. Die Kleinsten können genauso abenteuerlustig sein: Sie reiten mit der Gruppe, während ihre Pferde von Betreuern am Zügel geführt werden. Und wer partout nicht in den Sattel will, wird bei einer **Kutschfahrt** im Zweispänner seinen Spaß haben!

GESCHICHTE UND GESCHICHTEN

In einer Höhle in der Nähe der Naif-Schlucht hauste ein Riese. Dessen Freund lebte am anderen Ende des Tschögglbergs, auf der Langfenn am Salten bei Jenesien. Sie besuchten einander häufig, es waren für sie ja nur wenige Riesenschritte Entfernung. Beide waren sehr gottesfürchtig und beschlossen, jeweils in der Nähe ihrer Behausung eine Kirche aus Stein zu bauen: Der eine errichtete sie in der Scharte, wo einst eine heidnische Opferstätte gewesen war, der andere auf dem Salten. Zum Brechen der Steine hatten sie nur einen großen Hammer zur Hand, den sie sich nach Bedarf zuwarfen. So entstanden das Kirchlein St. Kathrein in der Scharte und jenes von St. Jakob bei Langfenn.

Tipp

Kinobesuch gefällig? Auf einer aussichtsreichen Felskuppe bei Vöran hat ein Künstler hölzerne Kinosessel installiert. Als Programm läuft im Knottnkino (Felsenkino) der Panoramafilm über das Etschtal, der Blick geht bis zu den fernen vergletscherten Bergen des Ortlermassivs. Was zunächst ziemlich seltsam anmutet, hat sich mittlerweile zu einem beliebten Ausflugsziel gemausert. Parkplatz nahe dem Gasthof Alpenrose auf etwa halbem Weg zwischen Hafling und Vöran, von dort 40 Minuten Fußweg zum Knottnkino.

INFOS IN KÜRZE

Ab 5 Jahre
Für den Anfang mit einer Schnupperstunde reicht ein halber Tag.
Für Kinderwagen nicht geeignet
Der Ausflug eignet sich von Frühjahr bis Herbst, Reiten ist aber auch im Schnee schön.
Freizeitkleidung, feste Schuhe
Von Meran nach Hafling, 9 km gute Bergstraße
Bus (Nr. 225) Meran–Hafling-St.Kathrein
1 Reitstunde: 12 €; 3 Reitstunden: 18 €; Tagesritt: 58 €; Kutschenfahrt 1 Stunde 35 €. Ermäßigung für Hausgäste
Ganzjährig geöffnet mit breitem Angebot
Hotel Gasthof Sulfner, St.-Kathrein-Str. 4, Hafling, Tel. 0473 279424, www.sulfner.com. **Tourismusverein Hafling-Vöran**, Tel. 0473 279457, www.hafling.com
Gasthof Sulfner, Sonnenterrasse, Kinderspielplatz, hausgemachte Kuchen. Kein Ruhetag

14 Ein Stück „wilder Natur“

IN DIE GAULSCHLUCHT BEI LANA

Die Falschauer, der Bach, der bei Lana in die Etsch mündet, hat einen beschwerlichen Weg hinter sich: Von den Gletschern des Weißbrunner Ferners kommend, wird sie durch mehrere Stauseen gebremst und gezähmt, im Unterlauf muss sie sich dann auch noch durch die enge Gaulschlucht zwängen: Ende des 19. Jahrhunderts legte der Alpenverein dort einen spektakulären Spazierweg an.

Was Kindern gefällt

Die wilde Naturlandschaft mit dem ungestümen Bach, die hölzernen Stege, Hängebrücken, versteckten Seitenwege, der kleine dunkle Felsentunnel, die vielen Raststellen, wo die Eltern die Jause auspacken können, während die Kinder zum Versteckenspielen verschwinden oder am Wasser einen Damm bauen – all das verspricht einen tollen Ausflug! Insbesondere im Sommer ist die kurze Wanderung in der kühlen, von dichter Vegetation überwucherten Schlucht und im Angesicht der hohen Felswände ein besonderes Erlebnis.

Tipp

Ein bisschen Kunst gefällig? Längs der Falschauer haben Künstler einen Skulpturenwanderweg angelegt, als Fortsetzung der Gaulpromenade sozusagen. Gehen und Sehen, so das Motto, unter das die internationalen Künstler und Kuratoren den Wanderweg stellten. Weitere Skulpturen aus Stein, Glas, Holz und Metall sind am rechten Ufer der Gaulschlucht platziert, außerdem auf dem Brandiswaalweg und am Unterlauf der Falschauer, von der Brücke bis zum Biotop und dem Hügel bei der Ausfahrt der Schnellstraße.

GESCHICHTE UND GESCHICHTEN

Als die Falschauer noch ungebändigt von Staustufen und E-Werken durchs Ultental nach Lana eilte, wurde sie als wichtiger Wasserweg für den Holztransport genutzt. In „Riesen" (Rutschbahnen) donnerten die Baumstämme talwärts, bei Hochwasser wurden sie dann im Bach talauswärts getriftet. Am Rechen der Holzlände blieben die Baumstämme hängen und konnten dort an Land gezogen werden, eine kalte, nasse und äußerst gefährliche Arbeit. Das Holz fand als Brennholz in den Städten Verwendung, da es noch keine anderen Heizmöglichkeiten gab. Auch in der Verhüttung des Terlaner Erzes spielte das Ultner Brennholz eine wichtige Rolle. Die Lendpromenade an der Falschauer zeigt mit ihrem Namen noch an, wo das Holz „angelandet" wurde.
Heute wird das Flussufer am Beginn der Gaulschlucht als Naherholungsgebiet genutzt – da werden Open-Air-Konzerte, Freilicht-Theateraufführungen und Feste aller Art organisiert, und im Winter tummeln sich Schlittschuhläufer auf den Eissportanlagen.

INFOS IN KÜRZE

Ab 6 Jahre
1 Stunde
Für Kinderwagen geeignet
Der Ausflug eignet sich ganzjährig, wetterunabhängig.
Freizeitkleidung
Der Spazierweg beginnt an der Falschauerbrücke in Lana.
Bus (Nr. 211) ab Bahnhof Meran oder Burgstall
Freier Zugang

Den erläuternden Plan zum Skulpturenwanderweg gibt es im **Tourismusbüro Lana**, Andreas-Hofer-Str. 9/1, Tel. 0473 561770, oder zum Herunterladen als PDF unter www.lana-art.it.
Bistro Lana, Griesplatz, Tel. 0473 561593, Mi Ruhetag
Café Winkler, günstig am Parkplatz bei der Lände gelegen, hausgemachte Kuchen und Eis, Tel. 0473 563133, Mo Ruhetag

15 Wollige Waldgeister

KURZWEILIGE ERLEBNISWANDERUNG AUF DEM VORBICHL IN TISENS

In der sanft gewellten Mittelgebirgslandschaft zwischen Meran und Bozen liegen malerisch eingebettet in fruchtbare Landschaften mit Obstgärten und Kastanienhainen die Ortschaften Tisens und Prissian. Unsere Wanderung verbindet zwei beieinander liegende Themenwege, den Erlebnisweg Vorbichl und den Filzkunstwanderweg.

Was Kindern gefällt

Der Waldsteig führt die Spaziergänger in stetem Auf und Ab zu verschiedenen interessanten und lustigen Stationen: einem riesigen Xylophon verschieden klingender Holzstämme, einem Aussichtsplatz an einer Felskante und einem romantischen Weiher mit Liegewiese, Tisch, Bank und Brunnen – ein beliebtes Ziel für Familien mit Kinderwagen. Das Kirchlein St. Christoph thront am westlichsten Punkt unserer Wanderung auf einem Hügel und bietet einen schönen Ausblick über das Etschtal. Wald und Wiese laden zum Versteckenspielen und Purzelbaumschlagen ein. Auf Felsen, alten Bäumen, Lichtungen und in einem kleinen Moor haben internationale Künstler kreative Filzarbeiten geschaffen. Sie sollen zum Staunen verführen und eine Sagenwelt erinnern – mit roten Filzrosen etwa wird König Laurins Rosengarten vergegenwärtigt. Auch Märchengestalten wie Hexen, Baumgeister oder der Räuber Hotzenplotz treiben hier ihr Unwesen.

GESCHICHTE UND GESCHICHTEN

Fast jeder kennt die Geschichte von König Laurins Rosengarten, aber jene vom **Räuber Hotzenplotz** – dem Klassiker der deutschen Nachkriegsliteratur für Kinder verfasst von Otfried Preußler? Kurios ist schon der Name: Hotzenplotz ist der deutsche Name für eine kleine Stadt an der seinerzeitigen schlesisch-mährischen Grenze, im heutigen Grenzgebiet von Tschechien und Polen. Was jahrhundertelang Hotzenplotz hieß, wurde nach 1945 tschechisch Osoblaha. Der Name hatte auf Preußler als Kind großen Eindruck gemacht, und so verwendete er ihn in seinem Werk „Die Jagd nach der Kaffeemühle“: Kasperl und Seppl machen sich dort auf, den wilden Räuber Hotzenplotz zu fangen, der Großmutters Kaffeemühle gestohlen hat. Unglücklicherweise geraten sie dabei in die Hände des Räubers und des bösen Zauberers Petrosilius Zwackelmann. In der Gefangenschaft lernen sie die in eine Kröte verzauberte Fee Amaryllis kennen, es gelingt mit einer List, ihr ein Kraut zur Rückverwandlung zu geben. Die Fee schenkt ihnen darauf einen Wunschring. Mit den drei Wünschen wird alles wieder gut: Der Räuber wird gefangen, die Kasperlemütze wieder herbeigezaubert und die Kaffeemühle der Großmutter zurückgebracht.

Tipp

Planen Sie mindestens eine halben Tag für diese gemütliche, maximal 6 km lange Wanderung ein. Die Gehzeit von rund 2 Stunden wird nämlich erheblich überschritten, wenn Sie sich bei den vielen Tafeln, **Spielgeräten**, am kleinen Weiher und bei den **Filzobjekten** ein wenig aufhalten. Der Wegverlauf ist ab Prissian gut beschildert.

INFOS IN KÜRZE

Ab 6 Jahre
Halbtagesausflug
Für Kinderbuggys geeignet
Der Ausflug eignet sich ganzjährig, wetterunabhängig.
Freizeitkleidung
Von Prissian beim Dorfbrunnen auf schmaler Straße ostwärts in die Senke bis zu einem Parkplatz
Bus (Nr. 246) ab Bahnhof Meran, Haltestelle beim Dorfbrunnen in Prissian. Zu Fuß in 15 Minuten zum Startpunkt beim Parkplatz
Freier Zutritt
Tourismusverein Tisens-Prissian, Tel. 0473 920822, www.tisensprissian.com
Fahlburg, stilvolle Schlosswirtschaft, schöner Garten. Prissian, Tisens, Tel. 0473 920930, www.fahlburg.com, Mo–Fr ab 18 Uhr, So ab 12 Uhr

Gasthof Zum Mohren, historischer Dorfgasthof. Prissian 90, Tisens, Tel. 0473 920923, www.mohren.it, Di Ruhetag

16 Fein gestriegelt – gut gesattelt

AM KINDERFREUNDLICHEN PFERDEHOF IN JENESIEN

Kinder haben ein besonderes Verhältnis zu Tieren und wenn sie das erste Mal ein Pferd sehen, möchten sie schon darauf reiten! Der Umgang mit einem Pferd, das Reiten, ist für Kinder leichter und natürlicher, als es uns Erwachsenen vorkommt. Erfüllen Sie Ihren Kindern einen Traum! Dabei steht das Reiten an sich nicht im Vordergrund, es geht um neue Erfahrungen, den Umgang mit Tieren, die Pflege eines anderen Wesens; also darum, andere Perspektiven zu erfahren, in die Natur hinauszugehen. Vorzüglich geeignet dafür ist der Wietererhof, ein Pferdehof in Jenesien, der sich auf die Arbeit mit Kindern eingestellt hat.

Was Kindern gefällt

Kinder mögen Pferde, doch manche fürchten sich anfänglich von den doch recht großen Tieren. In diesem Fall eignet sich das **Pony** als Einstieg. Für den Anfang ist es gut, wenn sich das Kind mit dem Tier in Augenhöhe befindet! Toll ist es, wenn das Kind einen Reiterdress, auch wenn er nur geliehen ist, anziehen kann. Mit dem samtigen schwarzen Reiterhelm wirkt schon der kleinste Sprössling recht professionell! **Striegeln und Satteln** gehören dazu, auch das Füttern – schnell lernen die Kinder, Verantwortung zu übernehmen. Das Aufsteigen ist ganz leicht, ein Treppchen genügt. Nun wird das Pony mit dem Kind im Sattel von geschultem Personal am Zügel geführt, nach kurzer Zeit hat der junge Reiter gelernt, das Gleichgewicht zu halten, und nach ein paar Stunden kann er bereits recht gut mit Zaumzeug und Zügel umgehen.

GESCHICHTE UND GESCHICHTEN

Es gibt viele Ponyrassen, die bekannteste ist wohl das Shetlandpony. Mit einer Größe zwischen 66 und 107 Zentimeter Schulterhöhe (das ist das Stockmaß) ist es das kleinste unter den britischen Ponys. Die Heimat der Ponys sind die baum- und strauchlosen, sturmgepeitschten Shetlandinseln im Norden Schottlands. In dem äußerst harten Klima konnten nur die widerstandsfähigsten Tiere überleben. Auf diesen Inseln waren die Ponys für die Transporte auf dem Land zuständig, bis 1850 gab es dort nicht mal Straßen! Beim Ausbau der Kohlebergwerke im Nordosten Englands wurden die Ponys in den Kohlegruben zum Abtransport der Kohle eingesetzt. Nach der Mechanisierung ist der Bedarf rasch zurückgegangen; jetzt sind die Shetlandponys und ihre vielen verwandten Rassen beliebte Freizeittiere. Ponys sind vital, ausdauernd, robust, sanftmütig, freundlich und gelehrig – und daher bestens für das Kinderreiten geeignet.

Tipp

Der Wietererhof liegt im Dorfzentrum von Jenesien, 11 Kilometer von Bozen-Stadt entfernt. Der ganz auf Kinder und Pferde eingestellte Bauernhof verfügt auch über vier nette Ferienwohnungen und bietet zudem fünftägige Reiterferien für Kinder ab 8 Jahren. Während die Kleinen auf der Sandbahn mit den Ponys die ersten Schnupperstunden absolvieren, reiten die Größeren auf den blonden Haflingern über die Lärchenwiesen des Salten. Im Wald, oberhalb des Dorfes „auf dem Siml" nutzt der Wieterer Hansl einen neuen schönen Pferdestall, Ausgangspunkt für erlebnisreiche Ausritte.

INFOS IN KÜRZE

Ab 6 Jahre
Mindestens 1 Stunde für die Schnuppertour, am besten einen halben Tag einplanen
Für Kinderwagen nicht geeignet
Der Ausflug eignet sich ganzjährig, wetterunabhängig.
Freizeitkleidung
Jenesien, Dorfmitte, ausgeschilderte Zufahrt zum Parkplatz
Seilbahn Bozen–Jenesien, 10 Minuten Fußweg zum Hof, oder mit dem Bus (Nr. 156) ab Bozen
Eine geführte halbe Stunde mit dem Pony 7 €, 1 Stunde Ausritt mit Pferden 14 €, 1 Stunde Reitunterricht am Platz 18 €
Wietererhof, Familie Johann Plattner, Dorfstraße 40B, 39050 Jenesien, Tel. 0471 354066, www.wietererhof.com. Tourismusverein Jenesien: Tel. 0471 354196, www.jenesien.net
Landgasthof zum Hirschen, zentral, wenige Schritte vom Pferdehof entfernt, Panoramaterrasse, gute Küche, im Schankraum Treffpunkt der Einheimischen. Tel. 0471 354195, Mi Ruhetag

Blauhaus.it

Mehr BIO!

Es schmeckt einfach besser!

Wir bieten eine große Vielfalt an Samen, Kräutern und Gemüsepflanzen aus BIOlogischem Anbau.
Sie werden – dem Einfachen und Ursprünglichen auf der Spur – bei uns beinahe verloren gegangene Geschmackserlebnisse wiederentdecken und überrascht sein von den Vorzügen vergessener und verdrängter Sorten.
BIO-Gemüse bringt Farbe und gesunden Genuss auf Ihren Tisch.

SCHULLIAN
die Gärtnerei für drinnen und draußen
Meraner Str. 75. Bozen. T 0471 933006.
www.schullian.it info@schullian.it

Bioland
ÖKOLOGISCHER GARTENBAU

17 Im Bann alter Geschichten

SAGENWANDERN AM TSCHÖGGLBERG

Diese Wanderung führt auf die herrlichen, sonnigen und welligen Lärchenwiesen des Salten auf dem Tschögglberg. Es ist der klassische Wanderberg der Bozner und nicht nur im Sommer, sondern auch im Winter sehr beliebt. Das ausgedehnte Erholungsgebiet bietet einen prachtvollen Blick auf die Dolomiten. Von Bozen aus erschließt eine Seilschwebebahn sowie eine gute breite Bergstraße das Hochplateau. Jenesier Schüler haben die leichte Wanderroute zu einem Sagenweg ausgebaut.

Was Kindern gefällt

Längs des Weges sind an einem Teilstück ein Dutzend **Sagen** aus der Umgebung Jenesiens dargestellt und auf einer hölzernen Informationssäule auch **zum Nachlesen** angeschrieben. Es wird von der Belagerung von Schloss Greifenstein, den Saligen Fräulein der Wieserlahn, der versunkenen Stadt bei den Langfenner Wiesen, der Butterhexe von Afing sowie von Geistern, Feen, Drachen, Bettlern, Dieben und fahrenden Gesellen berichtet.

Wegverlauf

Beginnen Sie die Wanderung beim Parkplatz am Sportplatz, 1 km nördlich des Dorfes Jenesien. Auf dem Weg Nr. 1, der sich mit dem Europäischen Fernwanderweg Nr. 5 deckt, wandern Sie in 20 Minuten leicht ansteigend zum Gasthaus Edelweiß, nach weiteren 10 Minuten beginnt der **Sagenweg**: bei einer Wegkreuzung die erste Sagendarstellung, die

Geschichte der Burg Greifenstein. Der breite, fast ebene Weg zieht sich nun nordwärts über schönstes Wiesengelände dahin. Bei einer quadratischen gemauerten Scheune biegen Sie links ab und folgen den Schildern zum Gschnofer Stall, Weg 6, wo eine Einkehr möglich ist (1 Stunde ab Edelweiß). Für den Rückweg Weg Nr. 12, dann Nr. 7, bis Edelweiß 50 Minuten, weitere 15 Minuten zum Parkplatz. Gesamtgehzeit knapp 2½ Stunden, 300 Höhenmeter, 9 km.

GESCHICHTE UND GESCHICHTEN

Auf der höchsten Stelle des Salten steht einsam das uralte Bergkirchlein von Langfenn, geweiht den Heiligen Jakob, Sebastian und Rochus. Jakob ist der Schutzpatron der Pilger und Wanderer, die beiden anderen wurden bei Krankheiten angerufen, seinerzeit war besonders die Pest gefürchtet. Bei dieser Kirche fand alljährlich zu Jakobi, am 25. Juli, ein großer Vieh- und Krämermarkt statt. Wanderhändler schlugen ihre Buden auf, es wurde alles angeboten, was von den Bauern benötigt wurde: Stoffe aus Bozen, irdenes Geschirr, Eisenwaren wie Nägel, Sensen, Sicheln, Beile aus dem Ziller- und Fassatal, dazu Schwarzwälder Wanduhren, Schnitzwaren und Spielzeug aus Gröden, Tabakpfeifen, Dosen, Messer, Ringe, Wetz- und Schleifsteine. In Weidenkörben wurde Obst feilgeboten, anderswo Holzschuhe oder genagelte Lederschuhe. Gaukler und Spieler unterhielten die Leute mit dem Watschenmann oder dem Brotherzl-Ausdrehen, Lose wurden verkauft, aus den Garküchen dampfte und duftete es, aus hölzernen Eimern wurde Wein geschöpft. Zeugen berichteten, dass auf dem Markt üblicherweise 40 Eimer Wein (das sind rund 2800 Liter) getrunken wurden. Musikanten spielten auf, es wurde getanzt und gelacht. Es war Brauch, dass die Bauern aus der Umgebung mit ihren Dirnen und Knechten zum Markt kamen und deren Getränke bezahlen mussten. Wen wundert's, wenn manchmal der Weingeist zu Raufhändeln anstiftete? 1839 kam es zu einer Schlägerei mit tödlichem Ausgang, worauf der Kirchtag verboten wurde. Die erstmals um 1300 erwähnte, 1510 gotisierte Kirche wurde gesperrt, verkam, die Einrichtung wurde weggeschafft oder gestohlen. Sie wurde später sogar als Schafstall genutzt und erst um 1900 wieder restauriert.

INFOS IN KÜRZE

Ab 4 Jahre
Halbtageswanderung
Für Kinderwagen ist nur der Sagenweg (bis Abzweigung Gschnofer Stall) geeignet
Der Ausflug eignet sich ganzjährig, wetterunabhängig.
Freizeitkleidung
Mit dem Auto bis zum Parkplatz am Sportplatz in Jenesien
Bus (Nr. 156) ab Bozen, Haltestelle beim Sportplatz. Alternativ auch mit der Seilbahn erreichbar, von der Bergstation zusätzlich eine halbe Gehstunde und 170 Höhenmeter zum Sportplatz
Freier Zutritt
Tourismusverein Jenesien, Tel. 0471 354196, www.jenesien.net
Gschnofer Stall, rustikale Almhütte, nur zu Fuß erreichbar, Kinderspielplatz, Kegelbahn, ganzjährig geöffnet. Tel. 338 567140, in der Hochsaison kein Ruhetag, im Winter an Wochenenden geöffnet.

Gasthaus Edelweiß, einfaches Landgasthaus, günstig an der Strecke gelegen. Tel. 0471 354106, Mo Ruhetag
Landgasthof zum Hirschen neben der Pfarrkirche in Jenesien, Tel. 0471 354195, www.hirschenwirt.it, Mi Ruhetag

18 Auf sagenhaften Wegen

ZU DEN NÖRGGELEN IM SARNTAL

Die Berge und Wälder des Sarntals sind der Schauplatz vieler Sagen und Legenden. Die Bergschule von Aberstückl hat zum Thema einen originell und einladend umgesetzten Natur- und Erlebnispfad gestaltet: den Sagenweg. Die wenigen Schüler der Grundschule, im Schuljahr 2006 waren es nur 13, haben etwas absolut Besuchenswertes geschaffen. Die kurze Wanderung bietet einen lohnenden Einblick in die geheimnisvolle Sagenwelt des Tales und bringt gleichzeitig den Lebensraum Wald näher.

Was Kindern gefällt

Plötzlich tauchen am Wegesrand kleine Männchen auf, Gartenzwergen nicht unähnlich: Es sind die Nörggelen, geheimnisvolle Waldmännlein mit roten spitzen Mützen und einem Lodenumhang ... Insgesamt neun Stationen auf dem Weg erzählen **Geschichten** von uralten Zeiten, von Hexen, Zauberern, wilden Männern, vom weißen Wurm, dem ungezügelten Wachstum der Alpenrosen und von Drachen. Und dazu gibt es ein **Quiz**, das zu Beginn des Weges aufliegt.

Wegverlauf

Lassen Sie sich und Ihren Kindern für diese ungewöhnliche Wanderung ein wenig Zeit. Sie beginnt beim Wippingerhof hoch oben über dem Weiler Aberstückl und führt durch die **abenteuerliche Sagbach-Schlucht** bis zur bewirtschafteten Durralm (reine Gehzeit ca. 45 Minuten). Der Sagenweg-Folder mit dem Quiz für unterwegs hängt bei der Tafel nahe dem Wippingerhof aus oder ist im Tourismusbüro in Sarnthein erhältlich.

GESCHICHTE UND GESCHICHTEN

Seltsam, die **Nörggelen**, diese kleinen hässlichen Männlein, die den einfachen Leuten, den Knechten und Mägden, helfen. Manchmal ärgern sie sie auch, weil sie die Menschen um die ewige Seligkeit im Himmel, die sie nach dem Tod erwartet, beneiden. Die Nörggelen sind nämlich verstoßene Engel, die beim Luzifer-Umsturz im Himmel nicht in die Hölle stürzten, sondern auf die Erde purzelten und an Bäumen und Felsen hängen blieben. Schließlich waren sie von Luzifer nur aufgehetzt worden, ohne selbst Böses zu wollen. Nun hausen sie in Wäldern und unzugänglichen Gegenden und necken die Menschen mit ihrem Schabernack.

INFOS IN KÜRZE

Ab 4 Jahre
2 Stunden, Halbtageswanderung
Für Kinderwagen nicht geeignet
Sommer
Freizeitkleidung
Von der Straße zum Penser Joch etwa 7 km hinter Astfeld links abbiegen und 1,5 km bergauf nach Aberstückl, an den Häusern des Weilers vorbei bis zur siebten Kehre: viele Wanderwegweiser und wenige Autoabstellplätze am Straßenrand. Von dort zu Fuß, dem Wegweiser „Sagenweg" auf ebener Höfezufahrt zum Wippingerhof, dort beginnt der Sagenweg.
Bus (Nr. 150) ab Bozen hält an der Abzweigung nach Aberstückl, von dort zu Fuß ca. 80 Minuten und 320 Höhenmeter bis zum oben genannten Ausgangspunkt
Freier Zutritt
Tourismusverein Sarntal, Europastraße 15, 39058 Sarnthein, Tel. 0471 623091, www.sarntal.com
Durralm, urige kleine Almhütte, wenige Sitzplätze in der Hütte, Tische im Freien auf der Wiese. Tel. 347 3815211, nur im Sommer geöffnet, bei schönem Wetter auch an manch anderen Wochenenden
Trappmann-Hüttl, Ausflugsgasthaus an der Sarntaler Straße, 5 km hinter Astfeld. Kinderspielplatz, Gastgarten, Teich, im Winter Eislaufplatz, Hausmannskost. Essenberg, Tel. 0471 628000

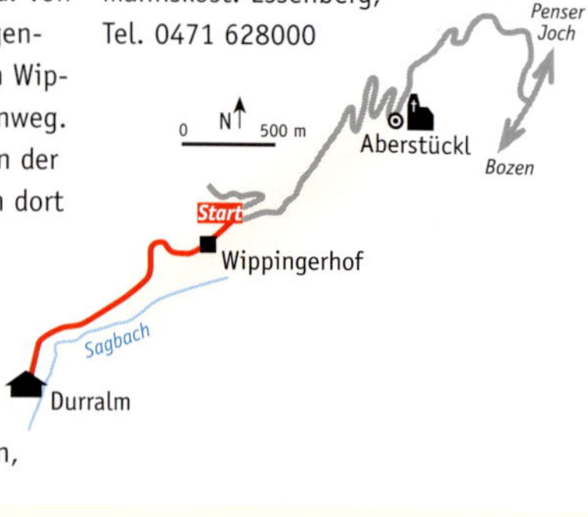

19 Schwebend in die Sommerfrische

ZU DEN ERDPYRAMIDEN VON OBERBOZEN

Der Ritten ist der Hausberg der Bozner: Seit rund 500 Jahren entfliehen die Wohlhabenderen unter ihnen sommers der Hitze im Bozner Talkessel, um hier ihre Sommerfrische zu genießen. Auf einem leichten Wanderweg mit toller Aussicht lernen kleine Wanderer die schöne Gegend kennen. Höhepunkt sind die pittoresken Erdpyramiden bei Oberbozen, ein beeindruckendes Naturschauspiel. Unterwegs sind Info-Tafeln aufgestellt. Da kommt keine Langeweile auf!

Was Kindern gefällt

Die Bergfahrt mit der komfortablen Gondelumlaufbahn, dann die kurze Fahrt mit der historischen Eisenbahn, der abwechslungsreiche Wanderweg – mal Straße, mal Steig –, die Wiesen zum Tollen. Und dann sind da noch die Info-Tafeln: zur Geschichte der Rittner Bahn; zur Kaiserstraße, auf der hier oben über 60 Kaiserzüge auf ihrem Weg nach Rom vorbeikamen – die Eisackschlucht unten wurde erst 1480 passierbar; zum am Ritten immer knappen Wasser; zur roten Farbe des Porphyrfelsens; zur Tradition der Sommerfrische und zu den Heiligen Georg und Jakob.

Wegverlauf und Tipp

Die Rundwanderung führt zuerst von Oberbozen nach Maria Himmelfahrt (Weg 2). Mit einer kurzen Bahnfahrt lässt sie sich um etwa 20 Minuten verkürzen (Achtung, in diesem Abschnitt verkehrt der Zug nur selten, um die Mittagszeit zweimal). Von Himmelfahrt geht es auf der Straße kurz retour Richtung Oberbozen, um bei einer Infotafel in einen

abwärts führenden Wiesenweg einzubiegen; wir erreichen erst das Jakobskirchlein, dann die Erdpyramiden (ca. 40 Minuten). Nun leicht aufwärts durch Wald zum Infostand Stallbründl und am Wiesenrand zurück zur Bergstation. Ohne Bahnfahrt knapp 2 Stunden, 5,2 km, 250 m Höhenleistung.
Allemal zu empfehlen ist die Fahrt mit der Schmalspurbahn von Oberbozen nach Klobenstein; retour eventuell zu Fuß in 1½ Stunden: Nicht nur der kleine Zug, auch der promenadenartige Weg (Nr. 35) führt nämlich durch eine einmalige Landschaft (auch für robuste Kinderbuggys geeignet).

GESCHICHTE UND GESCHICHTEN

Die Erdpyramiden: Regen, Wind, Frost und Schmelzwasser haben bis zu 20 Meter hohe Säulen aus den Moränen der Eiszeitgletscher herausgewaschen. Auf den meisten sitzt ein Stein gleich einem Hut, der das lehmhaltige Material unter sich vor schnellem Abtragen schützt. Erdpyramiden sind am Ritten an mehreren Stellen anzutreffen: im Katzenbach bei Oberbozen, im Gasterer Graben bei Unterinn – dort sind sie grau – und im Finsterbach bei Lengmoos. Ihr Alter kann nicht mit Sicherheit bestimmt werden, es hängt von vielen Umständen ab: von der Größe des Decksteins, der Witterung, der Dicke der lehmhaltigen Schicht. Sicher ist nur ihre Vergänglichkeit infolge der Erosion. Diese wird beschleunigt, sobald der Deckstein herunterfällt. Dann ist die Pyramide nicht mehr vor dem Regen geschützt, wird durchnässt und zerfällt innerhalb kurzer Zeit.
Die Rittner Bahn: 1907 wurde der Ritten von Bozen aus durch eine elektrisch betriebene Schmalspurbahn erschlossen. Im ersten, sehr steilen Abschnitt schob eine Zahnradlok die Waggons hinauf zum Weiler Maria Himmelfahrt; auf dem ab dort ebenen Streckenabschnitt des Hochplateaus fuhr die Bahn ohne Zahnradlok flott weiter bis nach Klobenstein. In den 1960er-Jahren ersetzte eine Seilschwebebahn den Zahnstangenabschnitt, 2009 ist wiederum eine Kabinenumlaufbahn an ihre Stelle getreten, mit der die Fahrgäste ohne nennenswerte Wartezeiten in 12 Minuten nach Oberbozen gelangen. Auf der Hochfläche ist die – vor allem bei Kindern – außerordentlich beliebte Schmalspurbahn immer noch in Betrieb. Mitunter verkehren sogar noch die historischen Garnituren von 1907.

INFOS IN KÜRZE

Ab 6 Jahre
Halbtagesausflug, reine Gehzeit knapp 2 Stunden
Für Kinderwagen nicht geeignet
Frühling bis Spätherbst
Freizeitkleidung
Die Talstation der Umlaufbahn liegt zentral in Bozen, Rittner Straße, Nähe Bahnhof; Parkplatz.
Umlaufbahn ab Bozen, Tel. 0471 345121
Freier Zugang zum Themenweg; Umlaufbahn Bozen–Oberbozen: 3,50 € (hin und retour); Bahn Oberbozen–Klobenstein: 2,50 €
Das Tourismusbüro Ritten, Tel. 0471 356100, verteilt kostenlos einen Folder zum Themenweg; unter www.ritten.com (> Ritten erleben > Wandern) gibt es ihn als PDF zum Herunterladen.
Gasthof Schluff, reizendes Berggasthaus in Maria Himmelfahrt, Gastgarten, Stube, gute Kuchen. Ritten, Tel. 0471 345139, www.gasthof-schluff.com, Do Ruhetag
Gasthaus Pizzeria Babsi, gemütliche Stuben, Gastgarten, Sandkasten für Kinder, gute Kuchen. Oberbozen, Dorfstraße 5, Tel. 0471 345385, Di Ruhetag
Café Fink, direkt neben der Bergstation der Umlaufbahn, Konditorei, Panoramaterrasse, Tel. 0471 345220, Mo Ruhetag

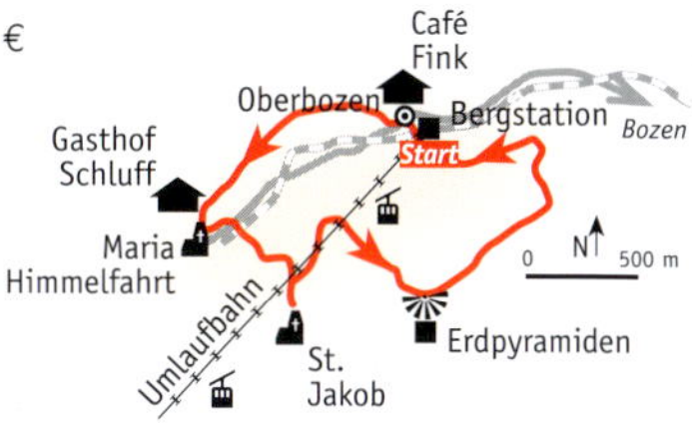

20 Lama-Trekking

EIN HAUCH VON SÜDAMERIKA AM RITTEN

Seit einigen Jahren wandern besondere „Südamerikaner" in die Alpen ein, sie haben sich bereits sehr beliebt gemacht: Lamas. Mit einem Lama über Wiesen und Berge zu spazieren – es gibt wenig Entspannenderes. Das Lama kann auch von einem Kind am Strick geführt werden, es akzeptiert problemlos den kleinen Führer als gleichberechtigten Partner. Am Kaserhof hat dieses Angebot einen klangvollen Namen: Lama-Trekking.

Was Kindern gefällt

Die zahmen Tiere mit dem superweichen Fell müssen natürlich auch gepflegt werden, das **Bürsten und Striegeln** übernehmen die Kinder gerne. Daneben lernen sie das ländliche Leben mit all den anderen Hofbewohnern kennen: Auf dem Kaserhof tummeln sich noch Reitpferde, Rinder, Alpakas, Gänse, Enten, Hühner, Hunde und Katzen. Und direkt über dem Stall machen sich die jungen Abenteurer, die hier einen **Pferde-Reiturlaub** verbringen und somit übernachten dürfen, dann selber ihr Bett und kuscheln sich mit dem Schlafsack ins Heu!
Jeden Mittwoch wird für wanderbegeisterte Lamafreunde eine halbtägige **Lama-Trekking-Tour** organisiert. Dabei geht es mit den bepackten Lamas an der Hand vom Kaserhof zu den Rittner Erdpyramiden. Dort angekommen genießen die Teilnehmer den mitgebrachten hausgemachten Speck, Kaminwurzen und Apfelsaft.

GESCHICHTE UND GESCHICHTEN

Lamas sind in den Anden Südamerikas heimisch und leben wie ihre wilden Verwandten, die Guanacos, in Gruppen. Ein starkes Männchen führt dann mehrere weibliche Tiere und Jungtiere. **Lamas** gehören zur Familie der Kamele, auch wenn sie keine Fetthöcker tragen. In ihrer Heimat sind sie wichtige Fleisch- und Wolllieferanten. Sie werden bis zu zwei Meter lang und wiegen dann bis zu 150 Kilo. Das Fell ist sehr dicht, weich und wollig, die Farbe kann ganz unterschiedlich sein, von weiß über grau, braun oder schwarz bis scheckig. Die Lebenserwartung der Tiere liegt bei 15 bis 20 Jahren. Sie sind wendig und trittsicher, können auch in große Höhen steigen und werden deshalb in den Anden als Lasttiere eingesetzt, ausgewachsene Tiere tragen bis zu 50 Kilo. Sie ernähren sich von Gräsern und Kräutern, fressen aber auch Blätter und Knospen von Sträuchern und jungen Bäumen sowie Flechten und Pilze. Da sie über einen so vielseitigen Speiseplan verfügen, finden sie sich problemlos in den verschiedensten Lebensräumen zurecht. In Europa werden sie in den letzten Jahren zunehmend als Freizeittiere auf Reiterhöfen gehalten.

Was hat es nun mit dem **Spucken** der Lamas auf sich? Sie spucken tatsächlich, um die Rangordnung in der Herde festzulegen. Also keine Angst: Lamas spucken sehr selten auf Menschen, sie tun es nur, wenn sie gereizt oder in die Enge getrieben werden. Zurückgelegte Ohren und ein hochgehaltener Kopf sind erste Anzeichen. Normalerweise besteht der „Warnschuss" lediglich aus im Mund vorhandenem Speichel. Beim eigentlichen Spucken schleudern die Tiere dann grünlichen, erbrochenen Mageninhalt, der sehr unangenehm riecht, über drei Meter weit. Das will man lieber nicht erleben!

Tipp

Lamas sind sehr sensible Tiere, sie werden deshalb gerne und mit zunehmendem Erfolg für therapeutische Zwecke eingesetzt. Sich mit Lamas zu beschäftigen, ist entspannend und kommunikationsfördernd, es hilft, Ängste abzubauen, Verantwortung zu übernehmen, festgefahrene Strukturen im Leben zu verlassen. Mit Lamas wandern heißt auch Loslassen vom Alltag und seinen Problemen. Am Kaserhof wird diese tiergestützte Therapie von einer akademisch geprüften Fachkraft organisiert und durchgeführt. Walter Mair erreichen Sie für weitere Infos unter 348 8068655.

INFOS IN KÜRZE

Ab 6 Jahre
Mindesten 1 Stunde für die Schnuppertour, am besten einen halben Tag oder sogar über Nacht
Für Kinderwagen nicht geeignet
Der Ausflug eignet sich ganzjährig, wetterunabhängig.
Freizeitkleidung
Von Oberbozen, Dorfmitte, 1 km ausgeschilderte Zufahrt, Parkplatz
Umlaufbahn Bozen–Oberbozen, 20 Minuten Fußweg zum Hof
Lama-Trekking pro Familie: 40 €, pro Person: 15 €. Kinderreitwochen (Pferdereiten) mit Vollverpflegung: 350 € pro Kind; Reiteinheit für Erwachsene: 18 €, Kind: 15 €, Ausritte pro Stunde: 20 €, 20 Minuten an der Longe: 10 €
Kaserhof, Geirerweg 26, 39054 Oberbozen am Ritten, Tel. 0471 345046, www.kaserhof.it
Kaserhof, Hofschänke auf dem neu erbauten Bauernhof auf 1320 m, mit toller Aussicht, mitten im Grünen. Tiroler Kost, viele eigene Produkte, Gastgarten. Kinderspielplatz, Ferienwohnungen. Tel. 0471 345046
Café Fink, Konditorei unmittelbar neben der Bergstation, Panoramaterrasse. Tel. 0471 345220, Mo Ruhetag

21 Süße Bienen

ZUM BIENENMUSEUM AM RITTEN

Nahe dem Wolfsgrubener See am Ritten liegt auf einer Wiesenkuppe und in schöner Aussichtsposition der Plattnerhof. Der über 500 Jahre alte, stroh- und schindelgedeckte Bauernhof beherbergt ein Bienenmuseum mit der größten Privatsammlung zur Südtiroler Imkerei. Das Museum und der Lehrpfad sind ganz auf Kinder eingestellt.

Was Kindern gefällt

Bienen stechen, na und? Hinter sicherem Glas können die Besucher ein quirliges Knäuel summender Tierchen beobachten. Darunter tummelt sich die Königin, die sich – groß und mit ausgeprägtem Hinterleib – deutlich von den Arbeiterbienen unterscheidet. Zur besseren Sichtbarkeit trägt sie am Rücken einen bunten Farbtupfer. Wie wird eigentlich Honig gewonnen? Eine Videovorführung erklärt den Vorgang, dann geht die spannende Führung los. Im Freien stehen Bienenstöcke, in denen richtige Bienenvölker wohnen. Auf dem Rundgang im Freigelände gibt es auf dem Lehrpfad noch einiges zu entdecken, zum Beispiel wie sich die Bienen orientieren, welche Honigpflanzen sie anfliegen, wie das Bienenauge sieht und vieles mehr. Wer mag, darf in eine Imkerausrüstung mit der Netzhaube und der Räucherlaterne schlüpfen. Am Ende des Besuchs wartet auf große und kleine Schleckermäuler eine süße Kostprobe des hauseigenen Honigs (wird auch verkauft)!

GESCHICHTE UND GESCHICHTEN

Vor nicht allzu langer Zeit war der stolze **Plattnerhof** in einem sehr schlechten Zustand: das Stroh- und Schindeldach verrottet, die Dachbalken angefault, der Stall nach altem Mist stinkend, das Gemäuer morsch, alter Hausrat und bäuerliches Gerät lagen herum. Die Bozner Kaufmannsfamilie Gramm, im Lebensmittelhandel und mit einer eigenen Honigmarke aktiv, erwarb das Anwesen, restaurierte es und machte es als Bienenmuseum öffentlich zugänglich. Da die originalen Feld- und Küchengeräte sowie die alte Einrichtung erhalten blieben, präsentiert es sich jetzt als ein schönes Denkmal bäuerlicher Bau-, Lebens- und Arbeitsweise früherer Zeiten. Zum Hof gehört ein Korn- und Buchweizenacker, ein Löschteich, ein Bauerngarten, bejahrte Obstbäume, Trockenmauern, ein altes Wegkreuz und ein Bildstock des heiligen Ambrosius, des Schutzpatrons der Imker.

Tipp

In der Nähe des Bienenmuseums liegt einsam am Waldrand der **Mitterstieler Weiher**. Er ist vom Wolfsgrubener See aus auf einem blauweiß markierten Steig (Nr. 12) bequem in 20 Minuten erreichbar. An seinem Nordrand befinden sich bedeutsame Spuren einer prähistorischen Wallburg; die Reste der aus großen Gesteinsblöcken aufgeschich-

teten Mauern ziehen sich rund um den Hügel. Der Felsvorsprung am Südostrand des Weihers bietet eine fantastische Aussicht auf das tief unten liegende Eisacktal und den Schlern, der zum Greifen nahe scheint.

INFOS IN KÜRZE

Ab 5 Jahre
1 Stunde
Für Kinderwagen geeignet
Ostern bis Ende Oktober
Freizeitkleidung
Zu Fuß in 5 Minuten vom Parkplatz in der Nähe des Sees in Wolfsgruben erreichbar. Am Hof ist eine Fahnenstange mit einer weithin sichtbaren gelben Flagge angebracht.
Umlaufbahn ab Bozen und weiter mit Schmalspurbahn, Haltestelle Wolfsgruben
Erwachsene: 5 €; Kinder bis 6 Jahre frei; Kinder von 6–12 Jahren: 3 €, Familien 10 €; es gibt Gruppen- und Schülerpreise.
Ostern bis Ende Oktober, täglich 10–18 Uhr
Bienenmuseum Plattnerhof, Oberbozen, Wolfsgruben 15, Tel. 0471 345350, www.museo-plattner.it.
Tourismusverein Ritten, Tel. 0471 356100, www.ritten.com
Hotel Restaurant am Wolfsgrubener See, Kinderspielplatz, Seeterrasse, Kuchenbuffet. Tel. 0471 345119, www.hotel-wolfsgrubenersee.com, Mo Ruhetag
Hotel am Hang, wunderbare Panoramalage, Aussichtsterrasse, am Nachmittag hausgemachte Mehlspeisen. Wolfsgrubener Straße 9, Tel. 0471 345222, www.hotelamhang.com

22 Fernblick in luftiger Höhe

ZUM AUSSICHTSTURM AUF KOHLERN

Der Bozner Talkessel wird im Südosten von einem dunklen, breiten Buckelberg begrenzt: dem Kohlerer Berg. Dort stehen in rund 1150 Meter Höhe einige Bauernhäuser, ein Gasthof, ein schönes Hotel und etliche Sommerfrische-Häuschen. Eine Seilschwebebahn ab Bozen überwindet in sieben Minuten die 890 Höhenmeter. Nahe der Bergstation steht er: der 37 Meter hohe, aus mächtigen Baumstämmen gezimmerte Aussichtsturm. Von ihm geht der Blick über die Baumwipfel hinweg in die Weite der Landschaft. Und die umliegenden Berge sind einfach umwerfend!

Was Kindern gefällt

Vorderhand lockt die Fahrt mit der **Seilbahn**. Gut, dass die Kabine nur noch entfernt jener 100 Jahre alten ähnelt, die neben der Bergstation zu bestaunen ist. Oben zieht einen sofort der Turm in seinen Bann. Auch wenn dem einen oder anderen etwas mulmig wird, immerhin ist es ein offener **Holzturm** und es gilt etwa dreihundert Stufen zu überwinden: Es lohnt sich – und alles ist sicher und geprüft.
Oben angekommen lässt man sich den Wind um die Nase wehen und genießt die Aussicht. So ein Panorama lässt sich in keinen Fernsehkasten bannen: Im Osten ragen die bizarren Zacken der Dolomiten in den Himmel, im Norden erstreckt sich der Alpenhauptkamm, auf dessen Gipfeln noch im Sommer der Schnee funkelt. Im Westen grüßt die Mendel herüber, und unten liegt wie ein kleinteiliges Spielfeld Bozen. Jetzt ist der im Vorteil, der ein **Fernglas** eingepackt hat: Er kann das bunte Treiben in der Stadt heranzoomen und sogar den steinernen Walther von der Vogelweide auf dem gleichnamigen Platz erkennen.

GESCHICHTE UND GESCHICHTEN

1899 erwarb ein reicher Gastwirt aus Bozen einen Gutshof auf Kohlern, den er zu einem Gastbetrieb ausbaute. Um den Gäste den beschwerlichen, zweistündigen Fußmarsch zu ersparen, plante er eine Personenseilbahn. Bisher hatte es in Europa nur Seilbahnen für den Materialtransport gegeben. Der Visionär erreichte sein Ziel: Im Jahr 1908 wurde die erste **Seilschwebebahn** der Welt für den geregelten Personentransport eröffnet 1913 wurde sie ersetzt durch eine neue, größere Bahn, die 30 Jahre lang ihren Dienst versah. 1943 zerstörte ein Bombenangriff der Alliierten die Talstation und mehrere Seilstützen. Seit 1965 fährt die Seilschwebebahn wieder und transportiert täglich Arbeiter, Schulkinder und Ausflügler vom bzw. auf den Kohlerer Berg. Vor wenigen Jahren wurde die Bahn nochmals gründlich renoviert, die nachgebaute Bahnkabine von 1908 ist neben der Bergstation zur Schau gestellt, am Kreisverkehr bei der Talstation hängt hingegen die Kabine von 1965.

Tipps

Auf Kohlern gibt es schöne Wander- und einige Einkehrmöglichkeiten. Eine angenehme Rundwanderung führt zu den **Schneiderwiesen** (1372 m), weiter zur Klausalm (1528 m) und über das Tote Moos und den Europäischen Fernwanderweg zurück zur Bergstation der Schwebeseilbahn. Gehzeit etwa 2½ Stunden.

Wollen Sie ein besonderes Fest organisieren? Die Gemeinde Bozen hat auf Kohlern ein Blockhaus errichtet, das gegen geringe Gebühr für **Kinder- und Familienfeste** gemietet werden kann. Es ist mit Tischen, Stühlen, Holzherd, Wasser, Strom und Toiletten ausgestattet. Unter einem Vordach, wo 50 Kinder auch bei schlechtem Wetter feiern können, befindet sich ein großer Grill. Neben dem Haus ist jede Menge Platz zum Tollen, in der Nähe liegen ein kleiner Weiher und ein altes Mühlenhäuschen. Infos: Amt für den Schutz der Umweltgüter, Tel. 0471 997435.

INFOS IN KÜRZE

Ab 3 Jahre
2 Stunden
Für Kinderwagen nicht geeignet
Die Fernsicht ist natürlich bei schönem, klarem Wetter am besten.
Fernglas und Pulli, auf 1150 m und dem exponierten Turm weht auch im Hochsommer ein kühles Lüftchen.
Es gibt eine schmale Straße nach Kohlern, aber die Seilbahn ist vorzuziehen. Talstation nahe der Kampiller Brücke am südöstlichen Stadtrand von Bozen, Aussichtsturm 50 m neben der Bergstation
Städtische Buslinie 11 bis zur Kampiller Brücke
Freier Zugang zum Aussichtsturm. Fahrpreise der Kohlerer Bahn: Erwachsene: 2,60 € hin und retour; Kinder ab 3 Jahre oder bis 1,40 m, Senioren über 60 Jahre: 1,55 €
Sommerfahrplan der Seilbahn: Mo–Fr 7–13.30, 14–19.30 Uhr; So und feiertags 8–12, 13–19.30 Uhr, Halbstundentakt
Verkehrsamt der Stadt Bozen, Tel. 0471 307000, www.bolzano-bozen.it; Seilbahn: Tel. 0471 978545
Bar Edelweiß bei der Bergstation, Eis, Getränke, Süßigkeiten, belegte Brote. Tel. 0471 329954, Di Ruhetag
Gasthof Schneiderwiesen, 45 Minuten Fußweg ab Bergstation, Reitstall, große Spielwiese mit Spielgeräten, Fußballfeld, Tischtennisplatte. Tel. 0471 250500, im Sommer kein Ruhetag, ansonsten Di
Gasthof Kohlern Panoramahotel, 5 Minuten von der Bergstation entfernt, tolle Aussicht, Gastgarten, gehobene Küche. Kohlern 11, Tel. 0471 329978, www.kohlern.com, Mo Ruhetag

23 Als Robin Hood durch die Wälder

DER BOGENPARCOURS RUND UM BURG HOCHEPPAN

Hocheppan zählt zu den eindrucksvollsten Burgen Südtirols. Exponiert gelegen blickt sie erhaben über das Etschtal von Meran bis Bozen und bis hinunter zum Kalterer See. Die Burg ist in einer einfachen Wanderung erreichbar. Die Anlage beherbergt eine gut geführte Jausenstation; an den Holztischen im verwinkelten Innenhof genießen die Gäste im Frühling und Herbst die Sonne, im Sommer bevorzugen sie den Platz unter den schattigen Weinlauben. Die Kinder tollen derweil auf den Wiesen vor der Burg herum. Eine besondere Attraktion für abenteuerlustige kleine (und große) Leute ist der Bogenparcours, auf dem diese ihre Treffsicherheit mit Pfeil und Bogen testen können.

Was Kindern gefällt

Ein Pfad windet sich durch abwechslungsreiches, felsiges Waldgelände rund um die Burganlage herum. Links und rechts des Pfades sind 20 verschiedene Ziele zu entdecken: Nachbildungen von Wildtieren in Lebensgröße und Strohscheiben. Sofern man nicht als Robin Hood geboren wurde oder Erfahrung als **Bogenschütze** gesammelt hat, wird einem an Dienstagen geduldig der Umgang mit Pfeil und Bogen erklärt. Mit einer einfachen, gut verständlichen Bild-Landkarte ausgerüstet, kann die **Pirsch** beginnen. Wer den Hinweisschildern folgt, erspäht schon bald ein Ziel – plötzlich steht ein Wildschein im Unterholz, will sich ein Fuchs davonstehlen, versteckt sich ein Fasan im Dickicht. Spannen, zielen, Schuss! Tja, Robin Hood verbrachte sein halbes Leben im Wald, wenn uns mal ein Pfeil daneben geht: nicht ärgern! Einfach nachladen, näher heranpirschen – die Tierattrappen laufen gewiss nicht davon.

GESCHICHTE UND GESCHICHTEN

Hocheppan ist das Wahrzeichen von Eppan und des Überetschs. Die Burg wurde im frühen 12. Jahrhundert von den Grafen von Eppan erbaut. Die Eppaner überfielen 1159 von der Haderburg in Salurn aus eine päpstliche Gesandtschaft und nahmen zwei Kardinäle gefangen. Die Tat blieb nicht ungesühnt: Der Bischof von Trient und Heinrich der Löwe belagerten die Anlage und eroberten sie schließlich. Die Grafen von Eppan mussten sich dem Trienter Bischof und den Grafen von Tirol unterwerfen. Später verlor **Hocheppan** an Bedeutung und verfiel ab dem 16. Jahrhundert zur Ruine. Die heutigen Besitzer, die Grafen Enzenberg, haben das Schloss in den letzten Jahren umfassend renoviert. Berühmt sind die wertvollen, einzigartigen Fresken in der romanischen Burgkapelle: Unter der Muttergottes hockt eine Magd, die einen offenbar mit Knödeln gefüllten Topf umklammert, während sie mit der rechten einen aufgespießten Knödel zum Mund führt – die erste Darstellung der Tiroler Nationalspeise! Die Jagdszenen an der Außenmauer stimmen mit den schnittigen Windhunden und dem großen Hirsch auf den Bogenparcours ein.

Tipp

Beim Schlossgraben befindet sich ein kleiner Tiergarten: ein Alternativ-Programm, das bei den allerjüngsten Burgbesuchern sehr gut ankommt.

INFOS IN KÜRZE

Ab 10 Jahre; kleinere Kinder haben Mühe, den Bogen zu spannen.
Mindestens 2 Stunden
Für Kinderwagen nicht geeignet
Frühjahr bis Spätherbst
Feste Schuhe, der Parcours führt über Stock und Stein. Pfeil und Bogen, Köcher, Armschutz und Fingerlinge können in der Burgschenke ausgeliehen werden. Es gibt spezielle Kinderbogen und solche für Linkshänder.
Über St. Pauls zum Schloss Korb bei Missian, weiter bis zum Parkplatz Unterhausen bei der Jausenstation Ebner, ab hier breiter, etwas steiler Weg zur Burg, Gehzeit 30 Minuten, 180 Höhenmeter
Bus (Nr. 132) ab Bozen bis Missian (von dort ist es eine knappe Stunde bis zur Burg, 240 Höhenmeter)
7–15 € pro Person
Anfang März bis Mitte November, bis Mitte September Mi Ruhetag
Burg Hocheppan, Monika und Markus Tschigg, 39057 Missian/St. Pauls, Tel. 0471 636081, www.hocheppan.com
Burgschenke Hocheppan, urige Wirtschaft, Selbstbedienung, Tische auch im Freien unter Weinlauben, Tel. 0471 636081, gleiche Öffnungszeiten wie die Burg

24 Der Kühlschrank im Wald

ZU DEN EISLÖCHERN BEI EPPAN

In einer Mulde oberhalb von St. Michael-Eppan, am Fuße des Mendelzuges, ist ein interessantes Naturphänomen zu beobachten: Am Fuße eines riesigen Felssturzes, von Moos und Flechten überwuchert, liegen Hohlräume, zum Teil richtige Grotten, in denen die Luft spürbar kälter als in der Umgebung ist. Auch im Sommer finden sich hier noch Eiszapfen. Sobald man die Mulde betritt, ist der Temperaturunterschied bereits deutlich zu spüren. Die sogenannten Eislöcher sind als Biotop ausgewiesen.

Was Kindern gefällt

Da soll noch mal einer erzählen, dass unter der Erde heiße Temperaturen herrschen! Vielleicht sind die Eislöcher ja des **Teufels Kühlschrank**. Keine gute Erklärung? Man kann dem Phänomen auch sachlich zu Leibe rücken, indem man mit einem Thermometer die Temperaturen innerhalb und außerhalb der Eislöcher misst und sich von den Großen das Naturereignis erklären lässt. Aber trotz aller naturwissenschaftlichen Erklärungen von warmer Luft, welche durch Spalten absinkt und sich ausdehnt und dabei abkühlt: Etwas Geheimnisvolles liegt unweigerlich über der Gegend.

GESCHICHTE UND GESCHICHTEN

Das Phänomen der **Eislöcher** erklären Naturwissenschaftler folgendermaßen: In der felsigen Gegend der Gand bei Eppan befindet sich ein Spaltensystem, durch das Luft von oben nach unten strömt und sich dabei abkühlt. In der Mulde am Fuß des Geröllfelds bleibt die kalte Luft, die schwerer ist als warme, liegen.
Durch das eigenartige **Mikroklima** wachsen hier auf rund 500 Meter Meereshöhe Pflanzen, die sonst eigentlich nur höher im Gebirge anzutreffen sind, darunter so bekannte Bergblumen wie die Alpenrose, die Alpenwaldrebe, die Alpenhagrose oder Preiselbeeren. Am Rand der Mulde mit den Eislöchern hingegen gedeihen wärmeliebende Pflanzen. Botaniker haben hier auf engstem Raum etwa 600 verschiedene Pflanzenarten gezählt.

Tipp

Am Weg zu den Eislöchern liegt **Schloss Moos** mit dem Ansitz Schulthaus. Außen ein schmuckloser, unverputzter Bau, beherbergt Schloss Moos ein einzigartiges Museum mittelalterlicher Südtiroler Wohnkultur. Sehenswert sind die Stuben, Balken- und Kassettendecken, die schönen Wandschränke, das zeitgenössische Mobiliar und die Fresken. Kurios ist die Darstellung eines Zyklus aus der Fabel vom **„Katzen-Mäuse-Krieg“**, die gewiss auch Kindern gefällt. Das Museum ist von Ostern bis Allerheiligen geöffnet; Führungen finden um 10, 11, 16 und 17 Uhr statt, Mo geschlossen (Informationen: Tel. 0471 662206).

INFOS IN KÜRZE

Ab 4 Jahre
2 Stunden
Für Kinderwagen nicht geeignet
An warmen Tagen ist der Temperaturunterschied deutlicher spürbar.
Freizeitkleidung, feste Schuhe; auch im Sommer einen Pullover mitnehmen, Thermometer einstecken!
Vom Parkplatz an der nördlichen Ortseinfahrt von St. Michael-Eppan, vorbei an der Pfarrkirche auf Weg 7A zum Hotel Stroblhof, weiter zu den Eislöchern (Nr. 15, 50 Minuten). Rückweg: Weg Nr. 7A über Gasthof Steinegger, dann Weg 540 bis Schloss Moos und von dort retour zum Parkplatz. Für Eilige: Mit dem Auto bis zum Stroblhof, ab hier auf Weg Nr. 15 in 20 Minuten zu den Eislöchern.
Bus (Nr. 130) ab Bozen bis St. Michael-Eppan
Tourismusbüro Eppan, Tel. 0471 662206
Hotel-Weingut Stroblhof, St. Michael-Eppan, einst traditionsreicher Gastbetrieb, heute Top-Hotel, in dem Ausflügler aber immer noch willkommen sind. Gute Küche, aber auch kleiner Imbiss, außerdem hausgemachte Kuchen und vorzügliche Eigenbauweine (z. B. weißer „Strahler"). Spielwiese mit Spielgeräten. Geöffnet von Ostern bis Allerheiligen, Tel. 0471 662250, www.stroblhof.it, Mo Ruhetag
Gasthof-Hotel Steinegger, St. Michael-Eppan, gut besuchtes Ausflugsgasthaus, zu einem Hotel erweitert. Schöner Gastgarten, viel Platz zum Spielen für Kinder, Spielgeräte. Tel. 0471 662248, www.steinegger.it, Mi Ruhetag

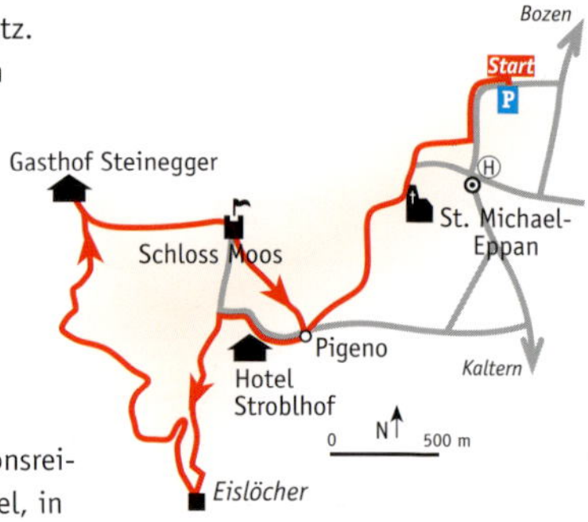

25 Auf Schienen hoch hinauf

MIT DER STANDSEILBAHN AUF DIE MENDEL

Die Mendel ragt groß und mächtig im Westen von Bozen und über den Weinbergen des Überetsch auf, eine scheinbar unüberwindliche, steile Barriere. Zum flachen Einschnitt ungefähr in der Mitte, dem Mendelpass, schlängelt sich eine kurvenreiche Autostraße hinauf, aber die schönste und wohl auch schnellste Art, den Bergkamm zu erreichen, ist die Fahrt mit der Mendelbahn. Diese ganz besondere Schienenbahn wird mit dicken Stahlseilen in die Höhe gezogen. Oben angekommen, laden Wiesen und Wälder zu Wanderungen ein.

Was Kindern gefällt

Schon beim Einsteigen kommen die kleinen Fahrgäste fast aus dem Gleichgewicht, der Wagenboden ist arg schief, auch die Fenster scheinen aus dem Lot zu sein. Dann, nach kurzer Fahrt, werden die Gleise immer steiler und die Schräge gleicht sich aus. Fast lautlos zuckelt der Waggon aufwärts, der Motor sitzt ja in der Bergstation und ist nicht zu hören, ein dickes Stahlseil zieht die Bahn in die Höhe. Nach dem spannenden Fahrvergnügen liegt es nahe, auf Schusters Rappen zum Penegal zu wandern (siehe Tipp). Die Häuser von Bozen – tief unten im Talkessel – sehen von dort oben aus wie Legobausteine. Es ist wie der Blick aus einem Flugzeug: atemberaubend!

GESCHICHTE UND GESCHICHTEN

Die Mendelbahn wurde 1903 gebaut, um den damals aufstrebenden Luftkurort Gries bei Bozen mit dem Mendelpass zu verbinden, der heutige Bozner Stadtteil entpuppte sich als die Lieblingssommerfrische der Nobeltouristen. Die feinen Damen und Herren kamen vorwiegend aus dem österreichischen und deutschen Kaiserreich, am Mendelpass entstanden elegante Hotels, die modernsten und luxuriösesten ihrer Zeit. Während die Standseilbahn gute und schlechte Zeiten überlebt hat und heute wieder eine Touristenattraktion ist, blätterte nach dem Ersten Weltkrieg, als die vornehmen Touristen ausblieben, der Lack von den Hotels ab. Auch von den einstigen Golfwiesen blieb nur mehr der Flurname, das Gelände ist verwildert.

Die Bahn hielt damals einige Rekorde: Es war die erste elektrisch betriebene Standseilbahn des damaligen Österreich, dabei die steilste Europas und die längste der Welt. Sie schafft die 4,5 Kilometer lange Strecke in nur zwölf Minuten und überwindet dabei einen Höhenunterschied von 850 Meter bei einer maximalen Steigung von 64 Prozent – es geht also ganz schön bergauf! Seinerzeit gab es ab der Talstation eine Eisenbahnverbindung bis Bozen. Weil die Bahn auch dem Transport des Kalterer Weines diente, wurde sie scherzhaft das „Lepsbahnl" genannt, wobei Leps einen minderwertigen Wein bezeichnet. Bis 1934 gab es die Möglichkeit, am Mendelpass in die Lokalbahn Dermulo-Mendel umzusteigen und dann bis nach Trient zu fahren. Die Bahn Kaltern-Bozen wurde 1963 aufgelassen. Seit kurzem ist wieder eine Bahnverbindung von Bozen ins Überetsch im Gespräch, mal sehen.

Tipp

Vom Mendelpass bieten sich zwei Panoramawanderungen an: eine lange auf den Roen und eine kürzere, eher kindergerechte zum Aussichtsturm auf den Penegal, einer Anhöhe mit einem unvergleichlichen Fernblick: Start am Mendelpass; der außergewöhnlich abwechslungsreiche Steig (Nr. 500) führt am Bergkamm entlang durch Wald und Wiesen mit zeitweise spektakulären Tiefblicken. Auf kurze Steigungen folgt immer wieder eine flache „Erholstrecke", so erreicht man unmerklich den 1739 Meter hohen Gipfel. Leider darf der dortige Aussichtsturm aus Sicherheitsgründen nicht bestiegen werden. Das nahe Hotel Serafino ist derzeit geschlossen, aber das nette Terrassencafé reicht für eine kleine Stärkung! Zurück geht es auf dem Hinweg. Hin und zurück gut zwei Stunden, 6,6 Kilometer.

INFOS IN KÜRZE

Ab 6 Jahre
1 Stunde, mit Wanderung Halbtagesausflug
Bahnfahrt für Kinderwagen geeignet, nicht jedoch die empfohlene Wanderung
Sommer und Herbst
Freizeitkleidung, Pulli nicht vergessen!
Talstation in Kaltern, Ortsteil St. Anton, gut beschildert
Bus (Nr. 130) ab Bozen, Haltestelle an der Talstation
Erwachsene: 7,50 € hin und retour; Familienkarte 3,25 €. Günstige Wertkarten und Abonnements
Regelmäßige Fahrten bis etwa 17 Uhr, im Sommer bis etwa 19 Uhr.
Mendelbahn, St. Anton, 39052 Kaltern, Tel. 0471 963169, www.sii.bz.it
Tourismusverein Kaltern am See, Tel. 0471 963169, www.kaltern.com
Bar Rosengarten, direkt am Mendelpass, Terrasse, ideal für eine Jause, Kaffee und Kuchen oder Eisbecher, Kaltern, Tel. 0471 632152, kein Ruhetag
Terrassencafé, Kiosk am Penegal, im Sommer bei Schönwetter geöffnet, Tel. 335 7239163

26 Abenteuersteig mit guten Aussichten

VON ALTENBURG DURCH DIE RASTENBACHKLAMM ZUM KALTERER SEE

Auf einem Geländebalkon am Mendelhang, mit schönster Aussicht auf den Kalterer See, liegt Altenburg. Ein abenteuerlicher Steig führt vom Weiler zum größten Natursee Südtirols. Der Weg schlängelt sich durch die enge Schlucht des Rastenbachs hinab, vorbei an stimmungsvollen Ruinen und Wasserfällen, da und dort erhascht man einen Blick auf die üppige Obst- und Weinlandschaft des Unterlands.

Was Kindern gefällt

Erklimmen Erwachsene lieber Gipfel, zieht es den Nachwuchs eher bergab; wo die Großen die Aussicht genießen, stöbern die Kleinen zwischen Felsen. Der Weg durch die Rastenbachklamm ist eine aufregende Wanderung für die Rasselbande, bei der es **nur abwärts** geht und es am Weg jede Menge zu entdecken gibt: eine uralte Kirchenruine, geheimnisvoll in den Felsen Gemeißeltes, Reste einer Befestigungsanlage, finstere alte Bergwerksstollen. Über **Leitern und Brücken** windet sich der Steig durch die immer enger werdende **Schlucht**. Robuste Geländer sichern den Weg. Trotzdem brauchen die Kleinsten eine sichere Hand, an der sie sich halten können – vor allem dann, wenn sie die Augen nicht mehr von den rauschenden Wasserfällen wenden wollen. Immer wieder schimmert der Wasserspiegel des Kalterer Sees zwischen den Bäumen herauf und plötzlich lässt sich die Lust auf nassen Spaß kaum mehr bremsen. Wie gut, dass das Gelände nun langsam weniger steil und felsig wird und nur noch ein kurzes Wegstück zwischen den Kindern und dem Wasser liegt.

GESCHICHTE UND GESCHICHTEN

Auf der Felskuppe, die dem Örtchen Altenburg vorgelagert ist, liegen die Ruinen **einer der ältesten Kirchenanlage Südtirols**: St. Peter. Vermutlich befand sich an diesem relativ abgeschiedenen Ort eine vorchristliche Kultstätte, auf der später eine christliche Glaubensstätte entstand; der Name St. Peter weist auf eine frühe Gründung hin. Im Felsen neben der Kirchenruine ist eine längliche Vertiefung zu erkennen: möglicherweise ein Taufbecken aus der Frühzeit des Christentums, als man die Erwachsenentaufe zelebrierte. In der Nähe sind schalenförmige Löcher in den Felsen gemeißelt; wozu die einmal gedient haben, liegt im Dunkeln. Mittelalterliche Mauerreste einer Befestigungsanlage verstärken die besondere Atmosphäre, die von diesem Ort ausgeht. Später geht der Weg an einem Stolleneingang von ehemaligen Knappenlöchern vorbei, im Bachbett liegt der verschlossene Zugang zu weiteren Gruben. Um 1500 wurde hier Silbererz abgebaut. Da die Ausbeute zu wünschen übrig ließ, war die Zeit des Bergbaus in der Rastenbachklamm nur von kurzer Dauer. Die Stollen nicht betreten! Alte Holzbrücken, Leitern und Abstützungen sind eingestürzt; das Begehen ist zu gefährlich.

Tipps

Wenn Sie im Sommer unterwegs sind, unbedingt die **Badehosen einpacken!** Am Kalterer See laden mehrere Badeanstalten zu einem Sprung in den wärmsten Badesee der Alpen ein. Außerdem können Tretboote gemietet werden.

Wer einen längeren Fußweg nicht scheut, kann auch in der Sportzone von Kaltern starten (großer Parkplatz). Ein schattiger ebener **Wanderweg** führt durch schönen Mischwald nach Altenburg, Gehzeit etwa 1 Stunde. Im Sommer Rückkehr ab Kalterer See bis in die Nähe des Sportplatzes mit dem kostenlosen Shuttle-Bus (Haltestelle nahe der Talstation der Mendelbahn).

INFOS IN KÜRZE

Ab 5 Jahre

Halbtagesausflug, 1½ Stunden reine Gehzeit

Für Kinderwagen nicht geeignet

Der Ausflug eignet sich im Frühjahr und Herbst; im Sommer kann es zwischen den Felsen sehr heiß werden, andererseits ist dann Badezeit.

Freizeitkleidung, feste Wanderschuhe, evtl. Badesachen

Mit dem Auto von Kaltern nach Altenburg (Parkplatz), Start bei der Kirche. Der Weg durch die Rastenbachklamm zum Kalterer See ist sehr gut beschildert.

Bus (Nr. 130) ab Bozen bis Kaltern; Seebus vom Frühsommer bis Mitte September zwischen Kaltern und dem Kalterer See

Tourismusverein Kaltern, Tel. 0471 963169, www.kaltern.com

Gretl am See, am Kalterer See, Restaurant, Café, köstliche Kuchen, schöne Terrasse, Freibad, Tel. 0471 960273, kein Ruhetag

Keller am Keil, am Kalterer See, Restaurant in einem uralten Weinhof. März bis Mitte Januar von 11–23 Uhr geöffnet, im Juli/August ab 17 Uhr, Tel. 0471 960259, Mi Ruhetag

27 Ein Traum von südlicher Landschaft

AUF DEN HÜGEL VON CASTELFEDER

Castelfeder ist frei von Verkehr, Straßen und Gefahren, ein Ort, wo sich Kinder wohlfühlen. Von der Kuppe dieses geschichtsträchtigen Siedlungsplatzes geht der Blick weit über das Tal, über das üppige, fruchtbare Unterland, die Weindörfer des Überetschs, zu den Meraner Bergen und zum blau schimmernden Kalterer See und bis hinauf nach Bozen.

Was Kindern gefällt

Der Trockenrasen ist ideal, um Ball und Fangen zu spielen; auf den von Gletschern abgeschliffenen Felsen sausen die Kleinen wie auf einer **Rutschbahn** hinunter. Mauer- und **Ruinenreste** wollen erklettert und Wassertümpel erforscht werden. Castelfeder ist zudem der ideale Platz für ein Picknick: Im Sommer spenden die uralten und mächtigen Eichen Schatten, aus mehreren Brunnen fließt trinkbares Wasser. Nur Feuer darf im Biotop keines entfacht werden. Markierte Wege und Steige überziehen den Hügel, es braucht eine Weile, bis alle Winkel erforscht sind!

GESCHICHTE UND GESCHICHTEN

Castelfeder wird auch schwärmerisch das „Arkadien Tirols“ genannt. Tatsächlich erinnert die idyllische Landschaft mit ihrer kargen Vegetation an Griechenland. Zwischen krummen Flaumeichen und macchiaähnlichem Gebüsch breitet sich ein **urzeitlicher Zauber** aus: Die Mauerreste waren früher stolze Ringwälle und Wehrbauten – heute sind sie Spuren einer frühgeschichtlichen Besiedelung. Die Überreste von Rundbögen erzählen von römischen Wehrmauern. Wahrscheinlich thronte auf Castelfeder auch die Burg Alt-Enn. Auf der Kuppe stehen die Ruinen der einstigen Barbara-Kapelle. Forscher haben auf dem Hügel sogar geheimnisvolle Wohngruben entdeckt.

Tipp

Ein Ausflug nach Castelfeder lässt sich gut mit dem Besuch der nahen Freizeitanlage von Auer kombinieren. Im **Schwimmbad** können sich Kinder auf der abenteuerlichen Wasserrutsche und an allerlei Spiel- und Spaßgeräten so richtig austoben.

INFOS IN KÜRZE

Ab 2 Jahre

2 Stunden

Für Kinderwagen im unteren Wiesenteil geeignet

Der Ausflug eignet sich von Frühjahr bis Herbst, aber auch an sonnigen Wintertagen; im Sommer sehr heiß.

Freizeitkleidung

Fleimstaler Straße ab Auer, Parkplatz nach 700 m, nahe der dritten Kehre (hier Hinweis- und Schautafeln). Oder markierter, zum Teil steiler und holpriger Steig ab Sportzone Schwarzenbach im Südosten von Auer, 20 Minuten Gehzeit

Bus (Nr. 140) ab Bozen

Tourismusverein Castelfeder – Auer – Montan, Tel. 0471 810231

Bar-Restaurant Schwarzenbach in der Sportzone, Schwarzenbach in Auer, Spielplatz. Tel. 0471 802022, Mo Ruhetag

Gasthaus Restaurant Goldener Löwe, gemütliches Dorfwirtshaus, gut und günstig, Innenhof, Terrasse. Montan, Kirchplatz 11, Tel. 0471 819844, www.goldenerloewe.it, Do Ruhetag

28 Es klappert die Mühle ...

IM TAL DER MÜHLEN BEI ALDEIN

Aldein, auf einem Höhenbalkon über dem Unterland gelegen, war bis in die 1950er-Jahre nur umständlich über steile Karrenwege erreichbar. Die Dorfbewohner, meist Bauern, waren Selbstversorger, das angebaute Getreide wurde in wasserbetriebenen Mühlen gemahlen. Um 1900 wurden rund 40 Mühlen im Dorf gezählt. Um dieses bäuerliche Kulturgut vor dem Vergessen zu bewahren, hat der Museumsverein etliche Mühlen am Thal-Bach reaktiviert. Die leichte und kurze Wanderung ins Mühlental ist eine spannende Zeitreise für wissensdurstige Kinder.

Was Kindern gefällt

Wasserrinnen, Schleusen und Sperren leiten das Wasser des Thal-Bachs auf die hölzernen Mühlräder. Die Technik ist komplex und doch wieder verblüffend einfach. Hier wird vergangene Alltagskultur der Bergbauern lebendig. Da kommt keine verstaubte Museumslangeweile auf! Reinhart Pichler, ein pensionierte Lehrer, weiß, wie Kinder zu begeistern sind: Sie dürfen **anpacken und zugreifen**, an den Rädern drehen, im Bach wird das Wasser auf die Schaufelräder der Schießermühle geleitet, dass es nur so spritzt und zischt! Mit dieser Mühle werden kleine runde **Steinkugeln** hergestellt, einst ein beliebtes Kinderspielzeug – Murmeln, Spicker oder Specker genannt. In der Hammerschmiede wurden mit dem Bachwasser der Schmiedehammer und der Blasbalg angetrieben, die Stampf verarbeitete Wolle zu Loden, und in der Rendl wurden Gerstenkörner von der Hülle befreit.

GESCHICHTE UND GESCHICHTEN

Die hier empfohlene Mühlenwanderung schließt den Aussichtspunkt Rosssprung ein. Der Name geht auf eine Sage zurück: Ein Reiter – manche sagen, es sei der Graf vom Burgstallegg, andere wieder meinen, es wäre ein Raubritter gewesen – musste vor seinen zahlenmäßig überlegenen Verfolgern flüchten. Dabei wurde er an den äußersten Rand einer schroffen Felswand getrieben. Vor ihm gähnte der Abgrund, hinter ihm drängten die Feinde heran. In seiner Verzweiflung spornte er sein Ross an und setze verwegen über den Abgrund. Als seine Verfolger an die Stelle kamen, staunten sie nicht schlecht: Der Reiter lag nicht etwa zerschmettert in der Tiefe, sondern ritt über den auf der gegenüberliegenden Talseite befindlichen Mitterberg davon! Von da an hatte der Ort seinen heutigen Namen.

Tipp

Der Besuch der Mühlen lässt sich mit einer leichten Wanderung verbinden. Ab der Feuerwehrhalle Aldein verläuft ein romantischer Waldweg ohne große Steigungen durch die ruhige, unberührte Natur. Die Markierung T führt zu den Mühlen am Thal-Bach und zum Kirchlein Maria Schnee im Thal (um 1600 erbaut). Etwas weiter liegt der Matznellhof, das Geburtshaus des Andreas Alois Dipauli von Treuheim (1761–1839), eines Diplomaten, der es am Wiener Kaiserhof zu hohen Würden und Vermögen gebracht hatte. Beim Matznellhof abbiegend folgen Sie der Markierung N bis zum Waldhügel Rosssprung. Die Rückwanderung erfolgt auf demselben Weg. Gehzeit 2½ Stunden, Länge 8,8 km, 390 Höhenmeter.

INFOS IN KÜRZE

Ab 6 Jahre
2 Stunden, am besten einen halben Tag
Für Kinderwagen nicht geeignet
Der Ausflug eignet sich von Frühjahr bis Spätherbst.
Freizeitkleidung
Zu Fuß ab Aldein 30 Minuten
Bus (Nr. 142) ab Bahnhof Auer bzw. Neumarkt, Haltestelle bei der Feuerwehrhalle
Spenden erwünscht
Für die Mühlenführung ist eine Anmeldung nötig.
Museumsverein Aldein, Dorfplatz 41, 39040 Aldein, www.museum-aldein.com. Anmeldung für die Führung im Mühlenensemble und im Dorfmuseum bei: Josef Matzneller, Tel. 0471 886517 oder 0471 886824; Reinhart Pichler, Tel. 0471 886619
Tourismusverein Aldein-Radein, Tel. 0471 886800, www.aldein-radein.it

Gasthof Krone, historischer Gasthof im Dorfzentrum von Aldein, bekannt für die hervorragende Küche und das erlesene Ambiente. Tel. 0471 886825, www.gasthof-krone.it, Mo Ruhetag
Gasthof Ebner/Pfiffikus, familiärer Gasthof mit Kinderspielplatz im Ortskern. Tel. 0471 886805, www.gasthaus-pfiffikus.com, Mi Ruhetag

29 Der Grand Cañon Südtirols

IN DIE BLETTERBACHSCHLUCHT BEI ALDEIN

Eine gewaltige Felsschlucht zieht sich vom Weißhorn bis hinunter nach Auer. In ihrem oberen Teil, der „Gorz" zwischen Aldein und Radein, können gleich mehrere Kapitel der Erdgeschichte wie in einem offenen Buch „nachgelesen" werden. Der Weg durch die wilde Schlucht mit ihren bis zu 200 Meter hohen seitlichen Wänden ist ein einmaliges und ungefährliches Erlebnis. Interessierte Jung-Geologen besuchen vor der Expedition das Geoparc Besucherzentrum in Aldein oder das Geomuseum in Radein.

Was Kindern gefällt

Der Abstieg in den „Cañon" ist abenteuerlich: Über **Leitern** und auf einem schmalen, mit Geländern sowie Stufen versehenen Steig geht es hinunter in die **Schlucht**. Mehrmals den Bachlauf querend geht es über Schotter und Geröll zwischen den vielfarbigen Erd- und Gesteinsschichten flussaufwärts. Wer die Augen offen hält, wird **Versteinerungen** von Muscheln oder Schnecken, verkohlte Pflanzenreste und Mineralien entdecken. Wenn es warm genug ist, kann im Bletterbach herrlich geplanscht werden; die Kleinen können Dämme bauen, Gräben, Kanäle und Teiche anlegen, Überschwemmungen verursachen. Am Ausgang der Schlucht warten schäumende Wasserfälle. Nehmen Sie sich Zeit (und trockene Socken zum Wechseln mit)!

GESCHICHTE UND GESCHICHTEN

Über die Entstehung der roten Gesteinsschichten an der Flanke des Weißhorns wird folgende Geschichte erzählt: In den Wäldern um das Weiß- und Schwarzhorn hauste einst der Riese Grimm. Er verliebte sich in die schöne Tochter eines Edelmanns. Da sein Werben erfolglos blieb, raubte er eines Tages das Mädchen. Ihr Vater rief den berühmten Ritter Dietrich von Bern zu Hilfe, er sollte seine Tochter befreien. Erbittert kämpften die beiden ungleichen Gegner. Schließlich unterlag der Riese. Wutentbrannt zog er sich auf das Weißhorn zurück. Die nachrückenden Ritter bewarf er mit Felsbrocken, die er aus dem Berg herausbrach. Dadurch stürzte der Gipfel des Weißhorns ab und begrub die Ritter, den Riesen und das Mädchen unter sich. Das Blut der Getöteten färbte die Gesteinsschichten unter dem Gipfel rot – und in den Wiesen bei Radein liegen noch heute die Felsen, die der außer sich geratene Koloss herabgeschleudert haben soll …

Tipp

Die Wiesenmatten um Radein und Aldein sind ein herrliches Wandergebiet, etliche Berggasthöfe und Almwirtschaften laden zur Einkehr ein. Der Weg durch die Schlucht selbst ist bei schönem Wetter problemlos zu unternehmen. Bei Regenwetter, Gewittern und Kälte ist aufgrund der Steinschlaggefahr allerdings von einer Begehung dringend abzuraten. Zieht ein Gewitter auf, sollten Sie die Schlucht auf dem schnellsten Weg verlassen. Halten Sie sich immer an die Markierungen. In den Bachgraben reicht kein Handynetz, erst am Besucherzentrum haben Sie wieder Empfang.

INFOS IN KÜRZE

Ab 5 Jahre

Halbtagesausflug, besser Sie veranschlagen einen vollen Tag.

Für Kinderwagen nicht geeignet

Der Ausflug eignet sich von Mitte Mai bis Oktober. Im Frühsommer kann der Bach aufgrund der Schneeschmelze viel Wasser führen.

Die Steige sind besonders nach Niederschlägen feucht und schlüpfrig. Wer bis zum oberen Teil der Schlucht, der „Gorz" geht, muss dort über eine steile, aber breite, gut verankerte sowie gesicherte Metallleiter aus der Schlucht aussteigen.

Festes, wasserabweisendes Schuhwerk

Von Aldein: Zufahrt zum gebührenpflichtigen Parkplatz (3 €) nahe der Lahneralm, auf Weg Nr. 3 in 30 Minuten hinunter in die Schlucht
Von Radein: Parkplatz vor dem Schulhaus, beschilderter Weg zur Bletterbachschlucht, Gehzeit knapp 1 Stunde

Bus (Nr. 142) ab Bahnhof Auer bzw. Neumarkt

Eintritt Besucherzentrum:
2 €, Kinder: 1,50 €
Eintritt Geomuseum Radein:
2 €, Kinder: 1,50 €
Führung durch die Bletterbachschlucht und Eintritt Besucherzentrum: 10 €; Ermäßigungen für Gruppen, Senioren, Behinderte, Studenten, Kinder, Ortsansässige

Besucherzentrum Geoparc Bletterbach in Aldein, Lerch 40:
25. April bis Anfang November (abhängig von der Schneeschmelze), täglich von 9.30–18 Uhr
Geomuseum in Oberradein:
Mai–Oktober, Mi, Sa, So 15–17.30 Uhr, Juli und August: Di–So 10–11.30 und 15–17.30 Uhr; Anmeldung für Führungen: Tel. 0471 887144

Tourismusverein Aldein-Radein, Tel. 0471 886800
Geoparc Bletterbach, Tel. 0471 886946, www.bletterbach.info

Lahneralm, bei Aldein nahe dem Besucherzentrum, rustikal, Gastgarten. Tel. 0471 886888, Di Ruhetag
Schmiederalm, bei Aldein, urig, schöne Lage, gut geführt und gut besucht, mit Auto erreichbar oder zu Fuß ab Geoparc Bletterbach in 40 Minuten auf markiertem, angenehmen Weg (Gorzsteig). Tel. 0471 886810, Do Ruhetag

30 Gipfelsturm leicht gemacht

AUF DAS WEISSHORN

Das Weißhorn mit seinen 2315 Metern ist der südlichste markante Berg der Dolomiten. Sein Gipfel aus weißem Kalkstein überragt die Wälder an der Grenze zwischen dem Südtiroler Eggen- und dem Trentiner Fleimstal. Trotz seiner exponierten und beherrschenden Lage ist das Weißhorn von seiner Südostseite her in einer kurzen und nicht schwierigen Wanderung zu bezwingen.

Was Kindern gefällt

Endlich eine Bergbesteigung, bei der Kinder nicht stundenlang den Großen hinterherhecheln müssen! Mit der Aussicht, in einer knappen Stunde einen richtigen Gipfel zu erklimmen, tragen die kleinen Wanderer Siebenmeilenstiefel. Auf den letzten Höhenmetern müssen sie sogar ein wenig **kraxeln**, um das stattliche Gipfelkreuz zu erreichen. Das eiserne Kästchen an seiner Seite ist kein Briefkasten für die Dohlen, sondern birgt das **Gipfelbuch**, in das alle sich stolz mit Namen und Datum eintragen können. Was sonst noch den Gipfelsturm lohnt? Eine fantastische Aussicht über halb Südtirol, zu den Bergen des Trentino und hinunter in die tiefe Bletterbachschlucht!

GESCHICHTE UND GESCHICHTEN

Dem Weißhorn gegenüber liegt das Schwarzhorn. Wie der Name verrät, ist dessen Gestein dunkel, genauer gesagt aus Porphyr. Zwischen beiden weithin sichtbaren Gipfeln liegt Jochgrimm, ein im Winter beliebtes Langlaufgebiet. Die **Zwillingsberge**, besser die ungleichen Brüder, zeigen, dass in dieser Gegend verschiedene Gesteinsschichten aufeinandertreffen. Von der Westflanke des Weißhorns zieht sich eine wilde Schlucht bis nach Aldein, die Bletterbachschlucht. Sie macht Erdgeschichte wie auf einem Präsentierteller erlebbar; sogar Fußabdrücke von Dinosauriern wurden dort gefunden!

Tipp

Am Fuß des Weißhorns, auf Radeiner Seite, liegt die Gurndin-Alm. Es stehen Tische im Freien, auf den umliegenden ausgedehnten Wiesen kann man Purzelbäume schlagen oder sich die Sonne auf den Bauch scheinen lassen. Auf einer Naturbahn warten neun Kegel samt Kugel auf einen spannenden Wettkampf.

Der Gipfelsturm auf das Weißhorn lässt sich gut als Rundwanderung anlegen: Vom Parkplatz Jochgrimm geht es in einer Stunde auf einem gut markierten, anfänglich sogar gepflasterten Steig zum Gipfel. Von dort ist die Gurndin-Alm schon zu sehen, 40 Minuten sind es durch dichten Latschenbestand und zuletzt schönste Blumenwiesen zu ihr hinunter. Von der Alm führt ein breiter Weg mit geringer Steigung in 20 Minuten zurück nach Jochgrimm. Streckenlänge insgesamt 5,1 km, 324 Höhenmeter bis zum Gipfel.

INFOS IN KÜRZE

Ab 5 Jahre

Tagesausflug

Für Kinderwagen nicht geeignet

Der Ausflug eignet sich vom Sommer bis – bei stabilem Schönwetter – in den Spätherbst.

Auf den letzten Metern zum Gipfel geht es über Blockwerk. Kinder sind da meist geschickter als Erwachsene, trotzdem sollten die Kleinsten an die Hand genommen werden. Wer nicht trittsicher ist, verzichte auf dieses letzte Stück.

Wanderausrüstung

Durch das Eggental über das Lavazè-Joch nach Jochgrimm

Tourismusverein Aldein-Radein, Tel. 0471 886800

Gurndin-Alm, Mai bis Oktober geöffnet, Fr Ruhetag

Gasthaus Jochgrimm, nette Gastwirtschaft, Hausmannskost, bei längerem Aufenthalt unbedingt die Heubäder ausprobieren! Tel. 0471 887232, Fr Ruhetag

31 Ein Blick ins Universum

ZU STERNWARTE UND PLANETENWEG IN GUMMER

Wie groß ist die Sonne? Wie weit ist der Mond entfernt? Und der geheimnisvolle Pluto? Abstrakte „astronomische“ Zahlen überfordern selbst die Vorstellungskraft Erwachsener, da ist der Planetenweg für Kinder genau richtig. Auf dem rund 1000 Meter hohen Bergrücken zwischen Steinegg und Gummer gibt es nämlich neben der Sternwarte und einem Sonnenobservatorium einen acht Kilometer langen Planetenweg. Er stellt die Planeten unseres Sonnensystems im Maßstab eins zu einer Milliarde dar – Erklärungen inklusive. Damit lässt sich das Weltall auf Schusters Rappen erkunden.

Was Kindern gefällt

Die kühl blitzende **Technik** in der Sternwarte und im Observatorium, die futuristisch anmutenden großen, weißen Kuppeln auf den grünen Hügeln, die Geschichten zur Erklärung der Sternbilder – davon bekommen Kinder nie genug. Dazu die vielen **Superlative** im Universum: unvorstellbare Entfernungen, Temperaturschwankungen auf dem Merkur von +440 bis –160 °C, der im Verhältnis zur Erde 317-mal schwerere Jupiter, die Stürme auf Neptun mit einer Geschwindigkeit von bis zu 2100 km/h, –236 °C in einem der kältesten Orte des Weltalls – nämlich auf dem Neptun-Mond Triton, giftige Säureregen auf der Venus ... all das lässt nicht nur Kinder staunen!

GESCHICHTE UND GESCHICHTEN

Die Menschen im alten Orient verbanden die hellsten Sterne mit Linien und glaubten in den so entstandenen Bildern, Fabelwesen zu erkennen. Davon haben die ursprünglichen **Sternbilder** des Tierkreises ihre Namen. Viele der heute gebräuchlichen Sternbilder gehen auf die alten Griechen zurück. Im 2. Jahrhundert n. Chr. wurden 48 Sternbilder benannt, alle übrigen kamen ab etwa 1600 hinzu. Aus der griechischen Mythologie stammen die mitunter heiteren Geschichten ihrer Namen – beispielsweise die folgende: Götterkönig Zeus stellte allen schönen Mädchen nach; dem konnte seine Frau Hera freilich wenig abgewinnen. Als Zeus wieder einmal eine schöne Dienerin umschmeichelte, verwandelte Hera diese in eine Bärin. Und als die Ärmste im Wald auf einen jungen Jäger traf – zu allem Überfluss ihr eigener Sohn –, musste sie um ihr Leben fürchten. Zeus aber verwandelte den Jäger ebenfalls in einen Bären und versetzte beide an das Firmament, wo sie noch heute als Großer und Kleiner Bär zu erkennen sind.

Wegverlauf

Die **Astrotour** beginnt am Parkplatz beim Gasthaus Unteregger direkt an der Sternwarte. Auf den ersten 200 Metern stoßen Sie bereits auf die ersten vier Stationen: die Planeten Merkur, Venus, Erde und Mars. Im weiteren Verlauf führt der Planetenweg in stetem Auf und Ab durch Wald und über Wiesen acht Kilometer lang durch abwechslungsreiche Landschaft wieder zum Ausgangspunkt zurück. Es geht an Teichen, Biotopen, an Gasthäusern und einsamen Bergbauernhöfen vorbei, Panoramablicke zu den Dolomiten tun sich auf. Reine Gehzeit 2 bis 3 Stunden, Höhenunterschied 250 m.

INFOS IN KÜRZE

Ab 6 Jahre

Besuch der Sternwarte 1 Stunde, für den Planetenweg ein halber Tag

Für Kinderwagen nicht geeignet

Der Ausflug ins Observatorium ist wetterabhängig.

Freizeitkleidung, eventuell Wanderausrüstung. In der Sternwarte kann es empfindlich kalt werden, kleiden Sie sich entsprechend.

Anfahrt nach Gummer (ab dort beschildert) entweder durchs Eggental (kurz vor Birchabruck links abzweigen) oder über Blumau und Steinegg.

Bus (Nr. 182) ab Bozen, Haltestelle Lantschnay (Parkplatz Schenk), hier Einstieg in den Planetenweg und 30 Minuten Fußweg zur Sternwarte.

Freier Zugang zum Planetenweg; Eintrittspreise ins Observatorium, Erwachsene: 5 €; Schüler, Stundenten: 2,50 €; Sonderführungen: 100 € pauschal.

Sternwarte: Führungen in der Sternwarte ganzjährig jeden Do abends. Anmeldung erforderlich, Tel. 0471 361314 von Mo–Do jeweils von 8–bis 12 und von 14–17 Uhr, am Freitag von 8–12 Uhr. Bei Regen oder Schneefall entfallen die Führungen.
Sonnenobservatorium: Sonnenbeobachtung mit dem Sonnenteleskop am So nachmittags. Jeden Freitag 10.30 Uhr geführte Wanderung auf dem Planetenweg und Führung durch die Sternwarte mit Informationen zur Astronomie und über die Tätigkeiten der Sternwarte. Anmeldung beim Tourismusverein Steinegg

Sternwarte und Sonnenobservatorium, St. Valentin 23, 39050 Gummer (Karneid), Tel. 0471 361314, www.sternwarte.it
Tourismusverein Steinegg, Tel. 0471 376574, www.steinegg.com

Gasthaus Unteregger, Panoramaterrasse, Hausmannskost. Tel. 0471 376471
Landgasthof Lärchenwald, gepflegtes kleines Landgasthaus, gute Küche, Gastgarten. Am Planetenweg, Gummer 78, Steinegg, Tel. 0471 610102
Gasthaus Vajolet, nettes Gasthaus am Planetenweg, Gastgarten. Tel. 0471 376423

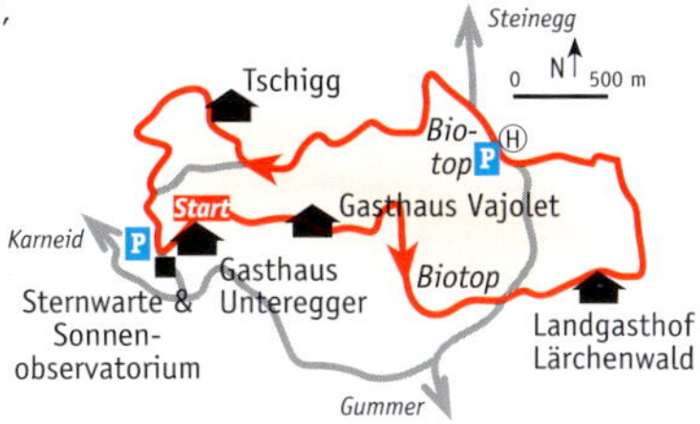

32 Bahn frei – wir rodeln!

EIN WINTERAUSFLUG ZUR TUFFALM IN VÖLS

Rodeln ist in! Und Rodeln gibt es zum Ausleihen, somit braucht es nur feste Schuhe, Winterkleidung, Mütze und Handschuhe – und es kann losgehen mit einem lustigen und erlebnisreichen Rodelausflug in Völs am Schlern. Beim idyllischen Völser Weiher läuft die Zielgerade der Naturrodelbahn ein, die sich kurvenreich auf einem nur mäßig steilen Weg von der Tuffalm herabschlängelt. Der Aufstieg ist in einer Stunde geschafft: Wer es gemütlich will, bleibt auf dem breiten Schneeweg, wer gut zu Fuß ist, nimmt eine manchmal etwas vereiste und rutschige Abkürzung durch den Wald. Oben wartet die Belohnung: eine gemütliche Jause in der Almhütte – dann geht es mit dem Schlitten auf die Piste, bäuchlings oder zu zweit. 1,5 Kilometer reinster Spaß!

Was Kindern gefällt

Bei der Alm betreibt der Hüttenwirt eine kleine Schneekanone, somit ist der sonnige, kleine Hang auf jeden Fall gut eingeschneit. Während die Eltern vor der Alm die Sonne genießen, toben die Kleinen in Sichtweite auf der **Schneewiese**. Der eigentliche Spaß beginnt aber erst: die **Rodelpartie** hinunter zum Völser Weiher!

Bauernhof spüren

Urlaub auf dem Bauernhof
Bäuerliche Schankbetriebe
Qualitätsprodukte vom Bauern

SÜDTIROL

Südtiroler Bauernbund - Roter Hahn
K.-M.-Gamper-Straße 5, I-39100 Bozen
Tel. 0471 999 308, Fax 0471 981 171
info@roterhahn.it, **www.roterhahn.it**

GESCHICHTE UND GESCHICHTEN

Der Völser Weiher, im Winter mit Eis bedeckt, ist im Sommer ein beliebter Badesee. Er wurde vor langer Zeit künstlich angelegt, die darin gezüchteten Fische landeten auf der Tafel von Schloss Prösels. Dessen bedeutendster Burgherr war Leonhard von Völs-Colonna, von 1498 bis 1530 Landeshauptmann von Tirol. Damals wurde Schloss Prösels prunkvoll ausgebaut. Die bemerkenswerte Anlage liegt in der Gemeinde Völs und kann besichtigt werden: www.schloss-proesels.it.

Tipp

Wer Wintersport liebt, sollte auch die Schlittschuhe einpacken. Der im Winter zugefrorene Völser Weiher ist ein schöner Eislaufplatz mit freiem Zutritt. Auch wenn es geschneit hat, wird immer ein Teil des Eises vom Schnee geräumt. Am Weiher gibt es zwei weitere Einkehrmöglichkeiten.

INFOS IN KÜRZE

Ab 3 Jahre
Halbtagesausflug
Für Kinderwagen nicht geeignet
Winterausflug. Die Alm ist jedoch auch im Sommer ein lohnendes Ausflugsziel.
Winter-Freizeitkleidung
Kurz nach Völs beschilderte Zufahrt zum gebührenpflichtigen Parkplatz am Völser Weiher
Freier Zugang
Tourismusverein Völs am Schlern, Bozner Straße 4, 39050 Völs am Schlern, Tel. 0471 725047, www.seiseralm.it
Tuffalm, gemütliches, gut geführtes Berggasthaus, zu Recht von den Lesern der Tageszeitung Dolomiten zur schönsten Alm Südtirols gekürt. Tel. 0471 726090, 335 450799, kein Ruhetag
Gasthaus Völser Weiher, St. Konstantin Nr. 1, Völs am Schlern, Tel. 0471 725072, Mo Ruhetag

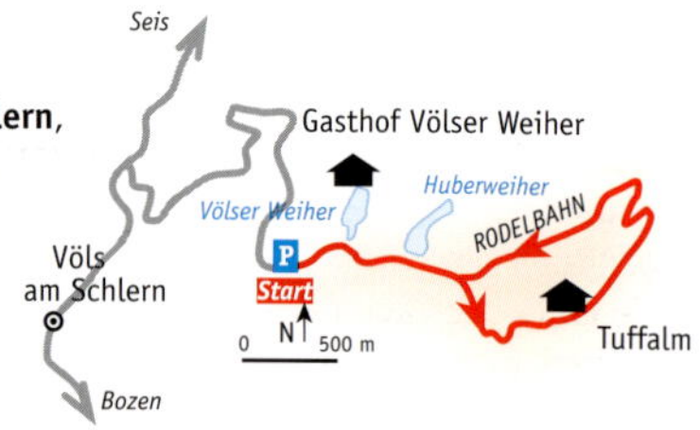

33 Auf eines Ritters Spuren

DER OSWALD-VON-WOLKENSTEIN-WEG IN SEIS

Oswald von Wolkenstein war Minnesänger, Diplomat und Ritter und bereiste fast die gesamte damals bekannte Welt. Er lebte zeitweilig im Wald am Fuße des Schlerns auf Burg Hauenstein. Durch den umliegenden Wald, der Teil des Naturparks Rosengarten-Schlern ist, führt ein 3,5 Kilometer langer, ringförmiger Natur-Erlebnisweg. Er vermittelt die örtliche Geschichte und das Verständnis für den Schutz der Naturlandschaft. Interaktive Infostationen sowie die Burgruinen Salegg und Hauenstein bürgen für einen kurzweiligen Ausflug.

Was Kindern gefällt

An den Stationen des Weges lebt die Zeit der Könige, Ritter, Burgfräulein, Drachen und Fabeltiere auf. Ein Spiel führt unterhaltsam in die Vergangenheit zurück. Große Schablonen ermöglichen es den Kindern, in die Rolle des Pagen oder Burgfräuleins zu schlüpfen. Papa muss das unbedingt fotografieren! Auch von wilden Tieren und den rauen Umgangsformen zu jener Zeit wird erzählt, oder von grausamen Hexenverbrennungen. Von den beiden Ruinen ist Hauenstein, erbaut auf einem Felsen, die interessantere, während von Salegg nur kümmerliche Mauerreste zeugen.

GESCHICHTE UND GESCHICHTEN

Kaum ein anderer Berg ist so sagenumwoben wie der Schlern. Früh schon war der markante Bergrücken ein Kultplatz – das belegen eine Brandopferstätte und Funde von Münzen und Scherben auf dem Burgstallknott. Im Mittelalter waren die einfachen Menschen davon überzeugt, dass die unheilbringenden Gewitter von den **Schlernhexen** herbeigezaubert würden. Die Hexen, die sich dort oben vorgeblich mit dem Teufel trafen, wurden für Missernten, Unwetter, krankes Vieh, kurz: für alles Unglück und Unheil verantwortlich gemacht.

In den Jahren zwischen 1506 und 1510 sind etwa dreißig Frauen und zwei Männer auf dem nahen Schloss Prösels als Hexen und Wettermacher(innen) zum Tod verurteilt worden. Ihnen wurden nächtliche Ausritte auf Besen oder Teufelsbuhlschaft vorgeworfen. Zum 500. Jahrestag des ersten dieser unseligen Prozesse, wurde auf Schloss Prösels eine Gedenktafel mit folgender Inschrift enthüllt: „Die Gemeinde Völs gedenkt ihrer vor 500 Jahren als Hexen und Zauberer verurteilten und gerichteten Mitbürgerinnen und Mitbürger. Ihr Feuertod auf dem Scheiterhaufen der Unwissenheit und Verblendung sei uns Nachgeborenen eine Mahnung und mache uns wachsam gegen Intoleranz und jede Form der Ausgrenzung. Gesetzt von der Dorfgemeinschaft Völs am 7. Juli 2006."

Heute ist die auf einem Besen reitende Schlernhexe zum Werbeträger und Glücksbringer geworden. In ihrem Zeichen finden Veranstaltungen wie Skirennen und Gourmetwochen statt. In Holz geschnitzt, als Stoffpuppe oder Anstecker gibt es sie in Souvenirläden zu kaufen.

Wegverlauf

Ausgangspunkt der Rundwanderung ist der Parkplatz an der Talstation der Seiser-Alm-Umlaufbahn in Seis. Am Nordostende des Parkplatzes startet der breite Weg Nr. 8, der nach 20 Gehminuten in den gut markierten, deutlich schmaleren und ausgeschilderten Oswald-von-Wolkenstein-Weg mündet. An der **Ruine Havenstein** ist der höchste Punkt der Wanderung erreicht, bei der Ruine Salegg eröffnet sich ein schöner Ausblick. Vom Hotel Salegg, früher ein Nobelhotel, führt die Zufahrtsstraße zurück zum Parkplatz. Länge 3,7 km, Gehzeit knapp 1½ Stunden, 210 Höhenmeter.

INFOS IN KÜRZE

Ab 4 Jahre
Halbtagesausflug
Für Kinderwagen nicht geeignet
Der Ausflug eignet sich in der schneefreien Zeit.
Freizeitkleidung
Die Talstation liegt am südlichen Dorfeingang von Seis
Linienbus (Nr. 170) von Bozen und Kastelruth
Freier Zugang
Tourismusverein Seis am Schlern, Schlernstr. 16, 39040 Seis, Tel. 0471 707024
Hotel Salegg, das Haus liegt am Weg, ist nicht auf Tagesgäste eingestellt, aber an der Hotelbar gibt es Getränke, Eis und Kuchen. Tel. 0471 706123

34 Ab ins Annatal

SPIELEN UND RELAXEN BEI ST. ULRICH IN GRÖDEN

Flankiert von den Bergen Raschötz und Seceda zieht sich das Annatal von Nordosten nach St. Ulrich hinunter. In seinem unteren Teil gibt es, umgeben von dichtem Wald und romantisch auf einer großen Wiese am munteren Annabach gelegen, einen großen, gut ausgestatteten Kinderspielplatz. Wenig oberhalb steht das besonders kinderfreundliche Café Annatal, ein Schmuckstück unter den Grödner Gastbetrieben. Der Weg entlang des Bachs zum Spielplatz und weiter zum Café ist ein herrlicher Spaziergang. Sonnenanbeter genießen auf den Liegestühlen vor dem Haus die Ruhe dieser autofreien Ecke Grödens.

Was Kindern gefällt

Der große **Spielplatz** lockt mit Spielwiese, Schaukeln, Klettergeräten aller Art, Spielhäuschen, Tischen und Bänken, von denen die Eltern ihre Sprösslinge beaufsichtigen können. Zehn Gehminuten weiter bietet das Café Annatal mehrere Attraktionen für Kinder. Beliebt ist die Rutsche, bei der die Kinder auf eine riesige Schaumstoffmatte purzeln. Und erst die **Spielsachen**: Die kleine Waschmaschine, das Bügelbrett samt Bügeleisen und der Herd sind im Dauereinsatz. Aber am begehrtesten ist das natürlichste Spielgerät: der **Bach** hinter dem Café. An seichten Stellen wird von den Kids eifrig gebaut, gestaut, geflutet und umgeleitet, bis die Klamotten nass und die Hände und Füße vom kalten Wasser krebsrot sind. In der Zwischenzeit vertreiben sich die Eltern auf den Liegestühlen – es gibt deren 300, die kostenlos benutzt werden können – die Zeit mit der Lektüre der vielen Bücher und Zeitschriften, die reichlich in beiden Landessprachen ausliegen. Und alle zusammen genießen den herrlichen Apfelstrudel.

GESCHICHTE UND GESCHICHTEN

Wie es zur einsamen Lage der Jakobskirche auf der steilen Waldflanke in der Nähe des Annatales kam, erzählt eine Sage: Der reiche Jakob oder Jaeklin von Stetteneck, der auf einer Burg am Eingang des Annatales wohnte, blieb kinderlos. Er beschloss, für seinen Namenspatron im Tal eine Kirche zu bauen und um einen Nachkommen zu bitten. Aber die Handwerker kamen mit der Arbeit nicht weiter, sie verletzten sich und schienen all ihr Geschick verloren zu haben. Vögel trugen die blutigen Späne der Zimmerleute auf einen Berghang; dies wurde als Zeichen gedeutet, dass die Kirche nach dem Willen Gottes und des Heiligen Jakobus dort erbaut werden sollte. Worauf die Kirche tatsächlich an diesem Platz errichtet wurde. Sogar eine Quelle sprudelte hervor, deren Wasser für den Mörtel benötigt wurde. Noch heute plätschert sie munter dahin.
Die Burg Stetteneck geisterte im Übrigen über viele Jahrhunderte durch die Überlieferungen, doch wo hatte sie eigentlich gestanden? Erst vor wenigen Jahren wurden die mächtigen Mauerreste der vermutlich aus dem 12. Jahrhundert stammenden Anlage in der Nähe des Cafés entdeckt. Die Grabungsstelle kann im Sommer unter Führung des Grabungsleiters und Entdeckers Herwig Prinoth besichtigt werden. Infos: Tourismusverein St. Ulrich, Tel. 0471 777600.

Tipp

Ein schöner **Serpentinen-Fußweg** geht vom Annatal zum Aussichtspunkt Col de Flam und weiter durch den Wald (Markierung 6) zur dem Schutzpatron der Wanderer und Pilger geweihten St.-Jakobs-Kirche. Sie wurde im 15. Jahrhundert umgebaut und im Innern sowie an der Südfassade mit bedeutenden Fresken geschmückt; im 18. Jahrhundert errichteten einheimische Holzbildhauer den Altar im Barockstil. Die Statuen sind Kopien, die Originale stehen im Museum in St. Ulrich. Besonders interessant ist an der Südfassade der sogenannte Feiertagschristus, der die Leute zum häufigen Messbesuch anregen soll. Dem Gekreuzigten fließt aus verschiedenen Wunden Blut in dünnen Rinnsalen zu Darstellungen von Personen, die entweder arbeiten anstatt den Feiertag zu heiligen oder faulenzen, was Christus besonders schmerzt und seine Wunden bluten lässt. Hinter den Personen ist, gleichsam als Doppelgänger, der Teufel abgebildet, der zum Bösen verleitet. Die Kirche ist nur zu Fuß erreichbar.

INFOS IN KÜRZE

Ab 2 Jahre
Mindestens 2 Stunden
Für Kinderwagen geeignet
Frühling bis Spätherbst
Freizeitkleidung
Vom Parkplatz an der Talstation der Seceda-Umlaufbahn in St. Ulrich 20 Minuten Spazierweg
Bus ab Bozen (Nr. 350), Brixen (Nr. 351) und dem Schlerngebiet (Nr. 170), Haltestelle Kirche St. Ulrich
Freier Zugang

Tourismusverein St. Ulrich, Tel. 0471 777600

Café Annatal, traditionelle Speisen für Ausflügler, dazu gute Kuchen. Annatalstr. 39, St. Ulrich, Tel. 0471 798643, www.annatal.com

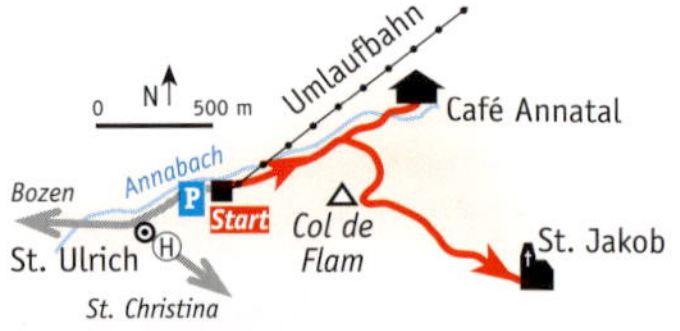

35 Training für Körper und Köpfchen

KLETTERN IM LANGENTAL IN GRÖDEN

Im Freien herumtollen und die eigenen körperlichen Fertigkeiten ausloten – das war vor 30 oder 40 Jahren für Kinder eine Selbstverständlichkeit. Heute schränken kleine Stadtwohnungen sowie der Verkehr den Bewegungsraum ein, und viele Kids konsumieren nur mehr passiv multimediale Angebote. Doch es gibt Alternativen: Etwa einen Kinder-Kletterkurs im Langental, wo die Kleinen spielerisch weit mehr als nur eine Sportart erlernen: Geschult werden Gleichgewichtssinn, Kraft, Geschicklichkeit, Ausdauer und das Überwinden von Angst.

Was Kindern gefällt

Schon beim Anlegen der Ausrüstung steigt die Spannung: **Helm aufsetzen**, Klettergurt anpassen, **Karabiner einklinken**. Die Seilknoten legt der Bergführer. Erst wird den Anweisungen gelauscht, dann geht es los! Bedacht und konzentriert setzen die Kinder jeden Tritt und jeden Handgriff, halten inne, um sich neu zu orientieren, greifen zurück, um einen anderen, vielleicht sichereren Griff zu suchen. Wenn sie es schaffen, schöpfen sie Mut und Zuversicht für den nächsten Abschnitt. Und zuletzt werden sie vor Kraft und Stolz strotzen!

GESCHICHTE UND GESCHICHTEN

Nahe dem Klettergarten duckt sich die Ruine Wolkenstein wie ein Adlerhorst unter die überhängende Stevia-Wand. Sie war der Stammsitz der Familie Wolkenstein-Trostburg, deren bekanntester Vertreter der Dichter Oswald von Wolkenstein (1376–1445) ist. Oswald hat mit der Burg außer dem Namen wenig gemeinsam; er wurde im Pustertal, auf Burg Schöneck geboren und lebte, nach einer unruhigen Jugend, auf Burg Hauenstein bei Seis. Die Ruine ist ab Parkplatz in 20 Minuten erreichbar und ein beliebtes Ziel für Kinder, die gern über die Treppen und Mauerreste turnen. Von der Burg bieten sich prächtige Ausblicke ins Langental, über Wolkenstein und zu Sellastock und Langkofel.

Tipp

Das Langental gilt als eines der schönsten Dolomitentäler, trotz der majestätisch aufragenden Felswände an den Flanken zieht es sich relativ flach nach Norden hin. Durch das Tal schlängelt sich ein wunderbarer Wanderweg mit geringer Steigung, der auch für Kinderbuggys gut befahrbar ist. Gleich am Anfang steht die sehenswerte, dem Viehpatron der Bauern geweihte Silvesterkapelle. Ihre 300 Jahre alten Fresken erzählen anschaulich das Leben Jesu. Auf dem weiteren Weg laden immer wieder Bänke, Tische und Brunnen mit frischem Quellwasser zum Rasten ein.

INFOS IN KÜRZE

Ab 6 Jahre

Mindestens 1 Stunde, im Sommer jeden Nachmittag gegen Vereinbarung

Frühling bis Spätherbst

Freizeitkleidung, Berg- oder Turnschuhe

Gebührenpflichtiger Parkplatz am Eingang des Langentals bei Wolkenstein. Der Klettergarten liegt hinter der Militärschule.

Bus ab Bozen (Nr. 350) bzw. Brixen (Nr. 351) bis Wolkenstein

1 Kind: 39 €; 2 Kinder: 43 €; 3 Kinder: 45 €. Ausrüstung wird gestellt.

Tourismusbüro Wolkenstein, Tel. 0471 777900; Bergführer-Vereinigung Gröden: Tel. 0471 794133, www.guidegardena.com

Villa Frainela, stilvoll modernisiertes Haus aus den 30er-Jahren, Imbisse, kleine Gerichte sowie herrliche Mehlspeisen. Dantercepiesstraße 66, Wolkenstein, Tel. 0471 794339, www.villafrainela.it

36 Auf Schatzsuche

INS MINERALIENMUSEUM VON TEIS

Südlich von Brixen liegt auf einem sonnigen Mittelgebirgsrücken das verträumte Dörfchen Teis – in Panoramaposition mit Blick auf die Rebhänge des Eisacktales und die wild zerklüfteten Dolomitenzacken der Geislergruppe. Hier, wo mehrere Gesteinstypen aufeinanderstoßen, ist die Fundstätte äußerst interessanter Mineralien. Ein kleines, aber feines Museum im Vereinshaus präsentiert besonders schöne Exponate: Nach einem kundigen Einführungsvideo über die Entstehung der Erde und der Mineralien sowie über die mitunter gefährlichen Suche nach ihnen kann man die ausgestellten Schätze bewundern. Dann beginnt der aufregendste Teil: die Schatzsuche in Begleitung eines Fachmannes in freier Natur!

Was Kindern gefällt

Kinder sammeln gerne. Ob Muscheln oder Steine, alles kommt erst mal mit – noch dazu, wenn die Fundstücke farbenfroh leuchten, glitzern und funkeln. Im Mineralienmuseum liegen in hellen Schaukästen viele außergewöhnliche heimische Exponate, darunter allerschönste **Teiser Kugeln** mit zart-violetten Amethyst-Kristallen. Auch Mineralien aus anderen Teilen der Welt, die Paul Fischnaller gefunden hat, sind ausgestellt. Die Attraktion ist der Nachbau einer **Felsspalte voller Kristalle**. Am meisten begeistern wird Kinder jedoch der Ausflug zum Gostnergraben und das Wühlen in den Schutthalden: Fast immer finden sich kleine Achatmandeln, kristallgefüllte Hohlräume und Einschlüsse.

GESCHICHTE UND GESCHICHTEN

Geologen wissen es: In der Kontaktzone verschiedener Erdgesteine treten besondere Mineralien auf, so auch in der Teiser Gegend. Vor Jahrmillionen trat im Zuge gewaltiger Vulkanausbrüche Porphyrgestein an die Erdoberfläche. Beim Abkühlen bildeten sich in den Hohlräumen des Lavatuffs Geoden aus: kristall- oder achatgefüllte Kugeln, die unter dem Namen „Teiser Kugeln" zu begehrten Sammlerobjekten wurden. In Teis ist Paul Fischnaller zu Hause, der Mineraliensucher und -sammler, der seine Schätze in dem sehenswerten Museum der Öffentlichkeit zugänglich macht. Regelmäßig begleiten er oder andere kundige Helfer Gruppen von Kindern zu den Fundstellen der faszinierenden Kugeln (Anmeldung erforderlich!). Hier wühlen sich seit vielen Jahren Mineraliensammler, legitimiert mit einer behördlichen Genehmigung, in den Berg – die ausgebrochenen Felsbrocken haben eine riesige Schutthalde entstehen lassen. Den kleinen und großen Ausflugs-Steineklopfern wird erklärt, wie und wo sie suchen müssen: geduldig die Brocken umdrehen, die glatten, etwas dunkleren versprechen eher Finderglück als die hellen, groben oder porösen Steine. Dann werden die schweren Hämmer, Meißel und Schutzbrillen ausgeteilt und das Klopfen und Pochen geht los! Nach ein bis zwei Stunden geht es zurück nach Teis, die Hosentaschen vollgestopft mit Schätzen.

Tipp

Falls sie noch Lust auf eine Wanderung in der Umgebung haben: Gute 1½ Gehstunden oberhalb von Teis liegen auf einem sonnigen Plateau auf 1350 Meter die Jochhöfe. Die Mühe des Aufstiegs wird mit der herrlichen Aussicht zu den Geislerspitzen belohnt. Der Moarhof (Tel. 0472 840318) ist ein gutes Ausflugsgasthaus. Von dort geht es über den Zinnerhof hinab zum Gostner-Graben und zurück nach Teis.

INFOS IN KÜRZE

Ab 6 Jahre
1 Stunde fürs Museum; ein halber Tag fürs Teiser-Kugeln-Suchen
Das Museum ist für Kinderwagen geeignet, der Ausflug zum Gostnergraben nicht.
Der Museumsbesuch eignet sich ganzjährig, wetterunabhängig. Der geführte Besuch der Fundstelle der Geoden findet in der Regel an Donnerstagen von Mai bis Anfang November statt, erfordert eine Anmeldung (das ist auch direkt über die Website des Museums möglich) und setzt einen regenfreien Tag voraus.
Freizeitkleidung, gutes Schuhwerk
Nahe der Autobahnausfahrt Klausen kurz auf der Villnösser Talstraße taleinwärts, dann links nach Teis abbiegen, das Museum liegt im Ortszentrum.
Bus (Nr. 341) ab Klausen nach Teis
Eintritt Museum: Erwachsene: 4 €; Kinder (6–14 Jahre): 1,50 €; Schulklassen, pro Schüler: 1 €; Gruppen ab 10 Personen, pro Person: 3 € Führung: Erwachsene: 8 €; Kinder: 4 €
So vor Ostern bis So nach Allerheiligen, Di–Fr 10–12 und 14–16 Uhr, Sa–So 14–17 Uhr
Mineralienmuseum Teis, Vereinshaus Teis, 39040 Villnöss, Tel. 0472 844522, www.mineralienmuseum-teis.it
Tourismusverein Villnösser Tal, Tel. 0472 840180, www.villnoess.com
Teiser Hof, traditionsreicher, komfortabler Gastbetrieb am Dorfplatz von Teis nahe dem Museum. Schöner Gastgarten unter der Krone eines alten Nussbaums, typische Tiroler Gerichte, gepflegte Zimmer, Wellnessbereich. Tel. 0471 844571, www.teiserhof.com

37 In die Heimat Reinhold Messners

UNBESCHWERLICHER RUNDWEG IM VILLNÖSSER TALSCHLUSS

Am Fuße der Geislergruppe liegt Villnöss, eines der schönsten Dolomitentäler. Im Talschluss hat die Forstverwaltung den ersten rollstuhlgerechten Naturerlebnisweg Südtirols angelegt. Er weist eine Steigung von maximal acht Prozent und genügend flache Wegstücke auf, ist somit auch mit Kinderwagen gut und leicht zu bewältigen. Unterwegs weisen 14 Stationen auf besondere Aus- oder Einblicke in die Natur hin, fordern zum aktiven Handeln, Befühlen und Hören auf und sprechen damit unmittelbar verschiedene Sinne an. Einige Tafeln sind mit Brailleschrift ausgestattet und kommen damit auch sehbehinderten Menschen entgegen: Ein Relief der Geislerspitzen zum Anfassen vermittelt eine Ahnung von der umgebenden Natur.

Was Kindern gefällt

Die gut lesbaren Infostationen sind kindgerecht: Durch Drehen und Wenden der Tafeln werden die Informationen spielerisch vermittelt. Die lange Holzbrücke über den Bach, die zum Greifen nahen spitzen Dolomitentürme, die vielen nicht zu hohen Tische und Bänke am Weg, die zum Rasten einladen – das alles kommt Kindern entgegen. Und dann ist da noch das Tiergehege am Weg! Mit etwas Glück sind die Rehe und Hirsche nah am Zaun und gut zu sehen. Die tiefe Grube des ehemaligen Kalkbrennofens ist perfekt geeignet zum Versteckenspielen und Kraxeln. Und bei einer munter sprudelnden Quelle mit Brunnen wird der Durst gratis gestillt.

GESCHICHTE UND GESCHICHTEN

Villnöss ist die Heimat von **Reinhold Messner** (geb. 1944), hier lernte er die Welt der Berge und das Klettern kennen. Einst haben seine spektakulären Bergbesteigungen Schlagzeilen gemacht. Nicht nur in den Alpen, sondern auch im Himalaja, im Karakorum und den Anden gelangen ihm Erstbegehungen der höchsten Schwierigkeitsstufen. Er hat als erster Alpinist sämtliche 14 Achttausender der Erde erstiegen und ist ein erfolgreicher Buchautor; fünf Jahre lang saß er für die Grünen im Europaparlament in Brüssel. Heute lebt der aktive Umweltschützer unter anderem auf Schloss Juval bei Naturns, wo er ein Museum mit Tibetica eingerichtet hat. Grundstein für ein weitreichendes Projekt: die Messner Mountain Museen, von denen in den letzten Jahren das „Museum in den Wolken" auf dem Monte Rite in Cadore und das Messner Mountain Museum in Sulden sowie das MMM auf Schloss Sigmundskron bei Bozen eröffnet wurden. Bereits in der Realisierungsphase ist das MMM auf Schloss Bruneck im Pustertal. www.messner-mountain-museum.it

Tipp

Kommen Sie ohne Bedenken mit Kinderwagen oder **Rollstuhl**. Auf dem mindestens 1,50 Meter breiten Weg finden sogar zwei Rollstühle gut nebeneinander Platz. Der Weg ist ohne Querneigung ausgeführt, und um Abstürze zu vermeiden, wird er talseitig von einem kleinen **Schutz-**

wall begleitet. Sämtliche Wasser-Auskehren sind mit Gitterrosten abgedeckt. An gefährlicheren Stellen wurden zusätzlich Zäune errichtet. Zur Beobachtung der Tiere im Gehege der Forstverwaltung, das am Rundweg liegt, sollte ein Fernglas im Rucksack nicht fehlen.

INFOS IN KÜRZE

Ab 2 Jahre

2 Stunden für den 3 km langen Weg

Für Kinderwagen geeignet, rollstuhlgerecht

Schneefreie Zeit

Freizeitkleidung

Nahe der Autobahnausfahrt Klausen zweigt die Straße ins Villnösstal ab, bis ans Talende fahren (Vorsicht: nach St. Peter, nicht zum Würzjoch oder St. Magdalena abbiegen)

Bus (Nr. 341) ab Brixen bis Zanser Alm

Freier Zugang, gebührenpflichtiger Parkplatz am Ende der Straße, Tagesgäste: 4 €, Nachmittag: 2 €

Forst- und Domänenstation Villnöss, St. Magdalena 3, 39040 Villnöss, Tel. 0472 840129

Tourismusverein Villnösser Tal, Tel. 0472 840180, www.villnoess.com (unter Naturpark >Lehrpfad: Kartenskizze des Erlebniswegs)

Zanser Alm, rustikales und urgemütliches Berggasthaus, unmittelbar beim Parkplatz. Geöffnet vom Frühling bis in den Herbst, Tel. 328 8926257, www.zanseralm.com

Pitzock essen & trinken, sympathisches kleines Esslokal in der umgebauten alten Dorfkneipe an der Talstraße bei St. Peter, hervorragende Küche, Terrasse. Ganzjährig geöffnet, Mi Ruhetag, St. Peter 106, Villnöss, Tel. 0472 840127, www.pitzock.com

Kiosk am Parkplatz, nette Holzhütte mit Sonnenterrasse, Café und kleinem Imbiss

Kalkbrennofen

38 Pack die Badehose ein!

ZUM VAHRNER SEE

In einer nach Süden hin offenen Mulde nördlich von Vahrn bei Brixen liegt auf 712 Metern Höhe romantisch der kleine Vahrner See. Zu Fuß sind es von Vahrn 50 Minuten dorthin, wobei der schöne Weg von mächtigen Kastanienbäumen gesäumt wird und weitgehend eben am Waldrand und an Feldern entlangführt. Der Waldsee ist auch mit dem Auto erreichbar. Im Sommer begeistert seine idyllische Lage große und kleine Wasserratten, Einheimische und Gäste. Wer den Sprung ins kühle Nass wagen will, findet am Nordufer einen frei zugänglichen Badeplatz sowie eine Liegewiese mit Imbisskiosk.

Was Kindern gefällt

Die große Spielwiese, das **Seil**, das von einem Baum am Nordostufer über den Seespiegel baumelt und zum Hinausschwingen und Hineinplatschen einlädt – das alles macht gute Laune. Das seichte Wasser in Ufernähe ist ideal für alle möglichen **Wasserspiele**. Der fast ebene Spazierweg am Seeufer gefällt nicht nur den Kindern, sondern auch Müttern mit Kinderwagen. Und Getränke, Brötchen für den kleinen Hunger zwischendurch sowie Eis gibt es hier auch.

Tipp

In einem Waldstück bei Vahrn liegt eine der schönsten **Wassertretanlagen** weit und breit – ausgestattet mit Tischen, Bänken, Brunnen und Liegewiese. Das eiskalte Wasser des Schalderer Bachs, der für sein klares und reines Wasser bekannt ist, wird durch einen etwa 50 Meter langen Kanal geleitet. Die Wassertiefe der einen Meter breiten Rinne beträgt etwa 30 Zentimeter. Der Kanal ist mit Waschbetonplatten, das

Becken am Kanalende mit grobem Kies ausgelegt. Beim Wassertreten regen Kies und Grobsand den Blutkreislauf an, die Fußgelenke werden gestärkt. Wassertreten ist eine der etwa 100 Übungen, die Pfarrer Sebastian Kneipp im 19. Jahrhundert entwickelte. Beim Kneippen wird der gestörte oder gestresste Organismus mit den natürlichen Elementen Wasser, Licht, Luft, Sonne, Ruhe und Bewegung wieder ins Gleichgewicht gebracht. Nebenbei ist es ein Vergnügen für Groß und Klein.

GESCHICHTE UND GESCHICHTEN

1867 wurde die Brenner-Bahn eröffnet; die Züge hielten auch in Vahrn – mit ihnen kam der Fremdenverkehr ins Dorf: Bauernhöfe wurden zu Ferienvillen umgebaut, es entstanden Hotels und Sommerfrisch-Häuser. Nach dem Ersten Weltkrieg, dem Untergang der Donaumonarchie und dem Ausbleiben der österreichischen Gäste verblasste der touristische Glanz Vahrns. Ehrwürdige Villen und Ansitze sind heute Zeugen der einstigen Blütezeit; sie lassen die seinerzeitige Anziehungskraft des Dorfes für betuchte Brixner und Prominenz aus ganz Österreich-Ungarn erahnen.

INFOS IN KÜRZE

- Für jedes Alter
- Am besten Halbtagesausflug
- Für Kinderwagen geeignet
- An warmen Sommertagen
- Freizeitkleidung, Badesachen
- 2 km nördlich von Vahrn, kurz vor der Autobahneinfahrt geht links die beschilderte Zufahrt ab, vom Parkplatz sind es 5 Minuten Fußweg zum See
- Citybus ab Brixen nach Vahrn
- Freier Zugang zum See
- **Kiosk** direkt am Badestrand, unter Bäumen versteckt

Gasthof zum Vahrner See, nettes Ausflugsgasthaus an der Südwestseite, nicht unmittelbar am Wasser gelegen, Gastgarten, Terrasse, Tiroler Kost. Tel. 0472 832169, Do Ruhetag

39 Ins Bollwerk

AUF ERKUNDUNG IN DIE FRANZENSFESTE

Im Eisacktal, an der Engstelle nördlich von Vahrn, wurde auf Anordnung Kaisers Franz I. von Österreich in den 1830er-Jahren eine gewaltige Festung errichtet, das größte Verteidigungsbollwerk Tirols. Sie kostete viel, brachte wenig. Vor ein paar Jahren sind die letzten Wachposten aus der Anlage ausgezogen, die Franzensfeste kann nun besichtigt werden – ein spannendes Abenteuer für Jung und Alt. Eine Begehung ist im Rahmen von Veranstaltungen und Ausstellungen oder bei Führungen des Vereins Oppidum möglich.

Was Kindern gefällt

Erst einmal beeindruckt die schiere Größe. Dann die Details wie dicke Mauern, Schießscharten, Treppen und Verbindungsgänge; der riesige Backofen, die Geschützkammern, die kleine Kirche; schließlich die **Aussichtsplattform** mit dem tollen Blick über Festung, Stausee und Schlucht. Ein Höhepunkt ist der Aufstieg über die **unterirdische Treppe**: 451 Stufen, über 75 Höhenmeter, schnurgerade hinauf, das Ende der Treppe verliert sich im dämmerigen Licht.

GESCHICHTE UND GESCHICHTEN

Die Erinnerung an die Franzosenkriege und den Volksaufstand unter Andreas Hofer 1809 wirkte in Tirol lange nach. Der Krieg mit Frankreich unter Napoleon hatte gezeigt, wie verwundbar Österreich war: Ohne besonderen Widerstand waren die Franzosen 1797 fast bis zum Brenner vorgedrungen. Als Napoleon endlich niedergerungen war, beschloss Kaiser Franz I. den Bau einer Festungssperre, die den Durchbruch eines feindlichen Heeres durch das Eisacktal und das Pustertal verhindern sollte. 1833 war Grundsteinlegung, nach fünf Jahren wurde der imposante Bau eingeweiht und nach dem inzwischen verstorbenen Kaiser benannt. Die **Franzensfeste** hat die stattliche Summe von 2,6 Millionen Gulden verschlungen, nach heutigem Wert rund 400 Millionen Euro. Bei der Einweihung vermerkte Kaiser Ferdinand ironisch, er hätte sich angesichts dieser Summe eigentlich eine Festung aus Silber erwartet. Der Lehm für die 20 Millionen Ziegel wurden in zwei Kilometer Entfernung gebrannt, der Granit wurde in Spinges und Pfalzen gebrochen und behauen, Kalk kam aus dem Gadertal. Täglich rollten fast 600 Pferdefuhrwerke zur Baustelle, insgesamt waren es über 900 000 Fahrten. Die 6200 Bauarbeiter stammten aus der gesamten österreichisch-ungarischen Monarchie, sie wohnten in eigens errichteten Baracken, je 300 in einem Lager. Brixen, die Bischofsstadt, hatte zu jener Zeit weniger Einwohner, als in Franzensfeste Maurer, Steinmetze und Handlanger beschäftigt waren!

Die monumentale Zitadelle war **nie in Kampfhandlungen verwickelt**, bald nach ihrer Fertigstellung verlor sie jede strategische Bedeutung, selbst die vorgesehenen Kanonen und Mörser wurden nie installiert. Sie wurde als Kaserne, als Munitionsdepot und Lager genutzt. Nach dem Ersten Weltkrieg übernahm das italienische Militär die Festung. Im Zweiten Weltkrieg hatte Mussolini kurz vor seiner Absetzung den Goldschatz der Banca d'Italia in Franzensfeste einlagern lassen. Nach dem Krieg fehlten etliche Tonnen Gold, weshalb sich um den verschwundenen Goldschatz viele Legenden ranken. 2005 zog das Militär aus und übergab die Bauwerke leer und ungenutzt dem Land Südtirol. Nach einer sinnvollen Nutzung der unglaublich großen und weitläufigen Struktur wird bis heute gesucht, im Gespräch ist ein Infozentrum für den Brenner-Basistunnel, ein weiteres Jahrhundertbauwerk. Inzwischen beherbergten die Gemäuer die europäische Biennale für zeitgenössische Kunst „Manifesta" und eine Südtiroler Landesausstellung.

Tipp

Im Dorf Franzensfeste wurde ein Infobüro zum Jahrhundertprojekt Brenner-Basistunnel eingerichtet. Größere Kinder mit Sinn für Technik sehen und erfahren dort Interessantes und Erstaunliches: Modelle der Bahn, der Tunnelbohrmaschine sowie des Röhrensystems, Luftaufnahmen, Querschnitte der Alpen mit den verschiedenen Gesteinsschichten, Schaubilder usw. Bahnhofstraße 3, Mo–Fr 9–12, 14–17 Uhr, www.bbt.info.eu

INFOS IN KÜRZE

Ab 4 Jahre

2 Stunden

Für Kinderwagen nicht geeignet

wetterunabhängig

Freizeitkleidung

Autobahnausfahrt Brixen-Nord, 1 km Richtung Brenner

Bus (Nr. 310) ab Brixen, Haltestelle an der Festung

Erwachsene: 6,50 €; Kinder von 6–12 Jahren: 3,50 €; Kinder unter 6 Jahren und Behinderte: gratis. Gruppen (8 bis 12 Personen) nur auf Anfrage: Erwachsene: 4 €, Kinder bis zu 12 Jahren: 1 €; Mindestpreis pro Gruppe 32 €

Frühjahr bis Herbst; Sa und So Eintritt nur pünktlich um 14.30 Uhr. Führungen für Gruppen nur nach Vereinbarung.

Verein Oppidum Franzensfeste, Tel. 393 9348503 (Mo–Fr 14–17 Uhr), www.oppidum.bz.it

Hotel Post Reifer, historische Postgaststätte im nahen Ort Franzensfeste, Bahnhofstraße 1, Tel. 0472 458605, Mo Ruhetag

Cafeteria bzw. Imbissstube in der Festung, nur während Ausstellungen

40 Wald, Wasser und Schlossgeist

EIN ERLEBNISREICHER AUSFLUG RUND UM SCHLOSS WOLFSTHURN

Ein Waldspaziergang kann überraschend unterhaltsam und spannend sein. Erleben, Begreifen, Erfahren – das ist auf dem Wanderweg rund um Schloss Wolfsthurn angesagt. Kinder und Erwachsene erleben und erfahren hautnah die Tier- und Pflanzenwelt: Nicht nur Schautafeln geben spielerisch Erklärungen, Rätsel und Lösungen, auch die verschiedenen Installationen veranschaulichen die Erlebniswelt Wald und Wasser. Und dann lockt da noch das Schloss selbst!

Was Kindern gefällt

Die vielen Schautafeln und Installationen am Themenwanderweg ziehen Kinder in ihren Bann: So demonstriert eine **Sprunganlage** die Sprungweite des Wildes und stellt ihr jene des Menschen gegenüber. Ein **Waldtelefon** lässt in den Wald „hineinhören". Ein Tümpel mit Primärpflanzen, eine nachgebaute Wolfsgrube, ein Hochstand zum Hinaufkraxeln, ein aus heimischen Holzarten gezimmerter Pavillon, ein Ruhe- und Informationspunkt, eine Rindenhütte, ein **Dachsbau**, ein Schlossweiher mit Aussichtsplattform – all das begleitet die Besucher durch die Flora, Fauna und Unterwasserwelt Südtirols. Besonders beliebt ist natürlich das kleine Bächlein, das durch das Gelände fließt und zum Planschen einlädt.

GESCHICHTE UND GESCHICHTEN

Das schöne und stattliche Schloss, von den Einheimischen auch Mareitenschloss genannt, hat es in sich. Wie es sich für ein solches Bauwerk gehört, hat auch Wolfsthurn seinen Schlossgeist, das Nonnengespenst: In hellen Mondscheinnächten geht der Geist einer Nonne um. Es wird erzählt, dass einst ein Ritter von der Burg Strassberg nördlich von Sterzing eine Nonne aus einem nahen Kloster entführt und auf Schloss Wolfsthurn gebracht hätte. Dort empfing sie seine Besuche und lebte lange sehr vertraut mit ihm. Den Grund, warum die Geliebte des Ritters bis heute als Geist herumirren muss, setzt die Sage unausgesprochen voraus: Es wird wohl das gebrochene Nonnengelübde gewesen sein.

Tipp

Bei diesem Halbtagesausflug bleibt genügend Zeit für eine Besichtigung des Schlosses, eines Jagd- und Fischereimuseums. Die Lernspiele im Untergeschoss regen zum Mitmachen an. Das Puzzle mit den schweren und sperrigen Hirschgeweihen übt große Anziehungskraft aus, da müssen auch die Eltern mithelfen: Erst wenn alles richtig zusammengesetzt ist, leuchten die Lämpchen auf. Es sind originalgroße Tiere ausgestellt, die ausgesprochen lebensecht wirken. Das große Modell des Schlosses, die Jagdwaffen, die eingespielten Tierstimmen, der ausgestopfte Bär, die prunkvollen Gesellschaftsräume im zweiten Stock – was Kinder so nur aus Filmen kennen, hier lässt es sich unmittelbar erleben.

INFOS IN KÜRZE

Ab 2 Jahre

Mindestens 1 Stunde für den Rundweg, zusätzlich mindestens 1 für das Schloss

Der Rundweg ist nicht für Kinderwagen geeignet, das Museum ist behindertengerecht.

Rundweg in schneefreier Zeit. Das Schloss bietet das perfekte Schlechtwetterprogramm.

Freizeitkleidung

Ab Autobahnausfahrt Sterzing 5,5 km bis Mareit, Parkplatz bei der Kirche, wo auch der gut 2 km lange Rundweg ums Schloss startet.

Bus (Nr. 312) ab Sterzing, Haltestelle Mareit

Schloss: Erwachsene 4 €, Kinder 3 €, Familienkarte 8 €, Schulklassen je Schüler 1 €, Führungen für Gruppen 30 €

1. April bis 15. November, Di–Sa 9.30–17.30 Uhr, So und feiertags 13–17 Uhr, Mo geschlossen

Südtiroler Landesmuseum für Jagd und Fischerei, Schloss Wolfsthurn, Kirchdorf 25, 39040 Mareit, Tel. 0472 758121, www.volkskundemuseum.it (mit Skizze des Themenwanderwegs „Wald und Wasser")

Hotel Sonklarhof, Gastbetrieb mit 400-jähriger Wirtshaustradition, bekannt für die gute Küche und das reichhaltige Kuchenbuffet. Ridnaun, Dorf 16, Ratschings, Tel. 0472 656212, www.sonklarhof.de

Gasthof Schöneck, einfache Einkehr an der Ostseite des Tales, ca. 1 km hinter dem Schloss, schöner Gastgarten, Kaffee, Kuchen, warme Brötchen. Nassereit 5, Tel. 0472 758155, Mo Ruhetag

41 Wassersturz und Felsenschlucht

IN DIE GILFENKLAMM BEI STERZING

Am Eingang des Ratschingstals, beim Weiler Stange, hat sich der Bach eine enge Schlucht gegraben: die Gilfenklamm. Das Gestein ist hier weicher als der umliegende Fels: Es ist weißer Marmor und die Gilfenklamm Europas einzige Marmorschlucht. Der Österreichische Alpenverein hat vor über 100 Jahren einen Fußweg durch die Schlucht angelegt, der die über 175 Höhenmeter mit Treppengängen, Leitern und Brücken überwindet. Der Steig durch die wilde Klamm ist gut gesichert, Kinder können ihn gefahrlos begehen.

Was Kindern gefällt

Der Bach rauscht durch die **enge Schlucht**; Gischt sprüht, wo das Wasser gegen die Felswände donnert. **Wasserfälle** stürzen von Felsen herab, die gar nicht so blendend weiß sind, wie man es von hellem Marmor erwarten würde: Das nasse Gestein ist von Moosen und Flechten grau, grün und schwarz eingefärbt. Nur die Stellen, die das Wasser blank gescheuert hat, und die Gesteinsblöcke im Bachbett blitzen weiß. Dort, wo die Schlucht breiter ist, kraxeln die kleinen Abenteurer in ihren Grund hinunter, stauen das Wasser, bauen Kanäle und legen Teiche an. Wie immer, wenn das nasse Element im Mittelpunkt des Ausflugs steht, lautet das Motto: Es darf nach Herzenslust geplanscht werden!

GESCHICHTE UND GESCHICHTEN

Der feinkörnige, besonders weiße und reine **Marmor** aus der Gegend bei Ratschings war einmal hoch geschätzt: Er wurde für den Bau der Innsbrucker Hofkirche, von Schloss Schönbrunn und von Denkmälern in Wien verwendet. Auch die mächtige gotische Stadtpfarrkirche von Sterzing weist Ratschingser Marmor auf. Heute hat er viel von seinem einstigen Wert verloren: Bezeichnenderweise ist der Marmor in die Stützmauern der Straße ins Ridnauntal eingearbeitet. Dabei wurden bereits zur Römerzeit die weißen Gesteinsbrocken aus Ratschings verwendet: Im Südtiroler Archäologiemuseum in Bozen ist etwa der berühmte, bei Sterzing gefundene Mithras-Stein ausgestellt, ein marmornes Relief aus römischer Zeit. Im Innenhof des Sterzinger Rathauses steht die Kopie. Das Relief stellt Mithras, den Sonnengott und Urstier, dar und belegt, dass auch Südtirol mit dem Mithras-Kult in Berührung kam. Ein marmorner Meilenstein (er steht ebenfalls im Rathaus von Sterzing) zeugt darüber hinaus von der Bedeutung der antiken Brennerstraße und der römischen Siedlung Vipitenum, wie Sterzing früher hieß.

INFOS IN KÜRZE

Ab 4 Jahre

Aufstieg 45 Minuten, Abstieg 25 Minuten

Für Kinderwagen nicht geeignet

Im Spätfrühjahr und Frühsommer führt der Bach besonders viel Wasser.

Bei Schlechtwetter sind die Steige, Brücken und Treppen schlüpfrig.

Freizeitkleidung, gute Schuhe

Von Sterzing sind es ein paar Kilometer bis Stange, wo das Ratschingstal ins Ridnauntal mündet. Vom dortigen Parkplatz (Hinweisschilder Gilfenklamm) sind es wenige Minuten zur Klamm. Wer nicht wieder durch die Klamm zurückgehen will, kann in 30 Minuten über den Weiler Pardaun (Ratschingser Talweg) nach Stange zurückkehren oder in etwa 45 Minuten auf Weg 11A bzw. 1A vorbei an der Ruine Reifenegg absteigen.

Bus (Nr. 312) ab Sterzing, Haltestelle Stange

Erwachsene: 3 €; Kinder ab 4 Jahre: 1 €

Mai bis Ende Oktober, 9.30–17.30 Uhr (Juli, August 9–18 Uhr)

Tourismusverein Ratschings, Tel. 0472 760608, www.ratschings.org

Gasthof Gilfenklamm, einfaches, gemütliches Berggasthaus mit guter Hausmannskost am Einstieg in die Schlucht, Gastgarten und Kinderspielplatz. Stange, Tel. 0472 756772, Sa Ruhetag.

Gasthof Jaufensteg, am Ausstieg aus der Schlucht. Tel. 0472 756407, Mo Ruhetag

Tipp

Ab Mareit begleitet ein **Radweg** den Ridnaunbach bis Stange und führt weiter bis Sterzing – eine beliebte ebene Strecke auch für Spaziergänger sowie Eltern mit Kinderwagen. Das Bachbett ist ideal zum Spielen, außerdem gibt es unterwegs **zwei Grillstellen** mit Tisch und Bank zum Picknicken. Bei Stange gibt es außerdem einen Steingarten mit den verschiedenen Gesteinen Südtirols.

42 Zu den Schätzen des Schneebergs

DIE BERGBAUWELT IN RIDNAUN

Das Schaubergwerk von Maiern in Ridnaun bietet einen Einblick in die 800-jährige Bergbaugeschichte am Schneeberg. Es war das höchstgelegene Bergwerk Europas und ist fast zur Gänze erhalten. Das Leben der Knappen, die mühevolle Arbeit unter Tage, die Anlagen und Techniken der Erzförderung- und Aufbereitung ziehen die Kleinen in ihren Bann; es werden kindergerechte Führungen angeboten. Für die Größeren und Erwachsenen sind die abenteuerlichen Stollenexkursionen und die geführten Tagestouren zu empfehlen: Mit Fahrzeugen geht es auf über 2000 Meter, dann zu Fuß auf den alten Erzwegen zur ehemaligen Knappensiedlung St. Martin sowie in die Stollen und Gruben und zuletzt wieder retour mit der Grubenbahn durch den Berg.

GESCHICHTE UND GESCHICHTEN

Der Schneeberg trennt das Passeier- vom Ridnauntal. Auf 2000 bis 2650 Meter Höhe wurden die reichen Erzgänge abgebaut; wann damit begonnen wurde, liegt im Dunkeln, bereits um 1200 wird das Bergwerk urkundlich erwähnt. In den folgenden Jahren nahm seine Bedeutung ständig zu, die Blütezeit war um 1500, als an die 1000 Knappen Erz abbauten. Die Abbaubedingungen waren unvorstellbar hart und gefährlich, dennoch waren die Knappen im Verhältnis zu den noch ärmeren Bergbauern privilegiert, denn sie erhielten als Lohn Bargeld. Den Rahm schöpften natürlich die Tiroler Landesfürsten, die Fürstbischöfe sowie die verschiedenen Gewerkenfamilien, die „Lizenzinhaber" für die Abbaurechte, ab. Vom Reichtum jener Zeit zeugen die Knappenkirche St. Magdalena in Ridnaun und Prunkbauten in Sterzing, etwa die gotische Hallenkirche, eine der größten Tirols.

Das Bergwerk war Tirols größte Blei-Zinkerzlagerstätte. Abgebaut wurden anfangs Blei und Silber, das durchs Passeiertal nach Meran transportiert und dort zu Silbermünzen, den Tiroler Kreuzern, geprägt wurde. Vor rund 130 Jahren gewann die Zinkblende als Abbauerz immer größere Bedeutung; sie wurde gemeinsam mit dem Silber und dem Blei bis 1985 abgebaut. Dann wurde das Bergwerk wegen mangelnder Rentabilität geschlossen. Einst wurde das am Schneeberg zerkleinerte und ausgeschiedene Erz in Säcke gefüllt und mit Saumtieren über die Schneebergscharte nach Ridnaun und weiter zu den Schmelzhütten gebracht. Mit Errichtung einer neuen Erzförderanlage 1871 gelangte das Erz auf Schienen über acht steile Bremswege und acht Flachrollbahnen zur Eisenbahn nach Sterzing. Bald nach der Schließung wurden erste Initiativen ergriffen, das Bergwerk für Besucher zugänglich zu machen: Sie können nun das Leben der Bergleute anschaulich nachvollziehen.

Was Kindern gefällt

Bereits beim Umkleiden steigt die Spannung, wenn Helme, gelbe wasserdichte Schutzkleidung, Stirnlampen und Stiefel ausgegeben werden. Dann geht's hinein in die **finsteren Stollen**, begleitet von einem kundigen Führer, der Spannendes über das harte Leben der Bergleute erzählt. Über **Rutschen** sausen die Kleinen hinab, um auf Leitern wieder aufzusteigen. Unter ohrenbetäubendem Lärm werden pressluftgetriebene Maschinen in Gang gesetzt. Es faucht und knallt und raucht, wenn der Führer die Karbidlampen entzündet, die vor dem Einsatz des elektrischen Lichts zur Beleuchtung dienten. Im Freigelände wird mit kleinen Hacken auf einer Halde eifrig nach **Erz gesucht**, neben der wasserbetriebenen Erzstampfe (Pochwerk) wird aus dem trüben Wasser eines seichten Teiches Erde in Siebe und Schüsseln geschöpft, so mancher glitzernde Erzklumpen kommt dabei ans Licht! Die Zeit vergeht im Fluge, die Kleinen sind nur mit Mühe zum Rückweg zu bewegen.

Tipp

Noch Lust auf eine kurze Wanderung im Tal? Die **Burkhardklamm** im Talschluss lädt zu einem Ausflug ein. Bereits 1899 wurde die enge Schlucht, die sich der Fernerbach gegraben hat, erschlossen. Nach dem Ersten Weltkrieg verfielen Brücken und Leitern, der Weg wurde unpassierbar. Seit kurzem ist er wieder instandgesetzt; er lässt die Naturgewalt des tosenden Wassers hautnah erleben. Gleichzeitig gewährt er großartige Ausblicke auf die imposante Bergwelt der Stubaier Alpen. Es lohnt sich, zur **Aglsbodenalm** zu wandern, einer gemütlichen Bergwirtschaft am Rand einer weiten Ebene; einst erstreckte sich hier ein großer Bergsee. Der Rückweg erfolgt ab dem Aglsbodendamm auf Weg 9 und dann ab der Klamm auf Weg Nr. 8.
Gehzeit bis zur Klamm 45 Minuten, zur Aglsbodenalm 1½ Stunden, insgesamt 2½ Stunden. 340 Höhenmeter, Streckenlänge insgesamt 7 km.

INFOS IN KÜRZE

Ab 3 Jahre

Mindestens 2 Stunden für die Besichtigung mit Führung, Halbtagesprogramm für die kurze, Tagestour für die große Führung durch das Höhendorf und -bergwerk

Besichtigung für Kinderwagen geeignet, behindertengerecht

Frühjahr bis Herbst, wetterunabhängig.

Freizeitkleidung. Helme, Stiefel und wasserdichte Pelerine werden gestellt.

Vom Kreisverkehr an der Autobahnausfahrt Sterzing 16 km Richtung Westen ins Ridnauntal fahren

Bus (Nr. 312) ab Sterzing, Endstation beim Bergbaumuseum in Maiern

Erwachsene: 9 €; Kinder (ab 7 Jahre): 4 €; bis 6 Jahre gratis; Familienkarte: 18 €; Sonderpreise für Schulklassen, Studenten, Senioren und Gruppen, gestaffelte Preise für die Halbtages- bzw. Tagetouren (für Letztere ist eine Anmeldung erforderlich)

18. März bis 9. November, Di–So 9.30–16.30 Uhr, regelmäßig Führungen, Mo geschlossen

Bergbauwelt Ridnaun-Schneeberg, Maiern 48, 39040 Ridnaun, Tel. 0472 656364, www.ridnaun-schneeberg.it Das Museum unterstützt bei der Organisation von Klassenfahrten.
Tourismusverein Ratschings, 39040 Gasteig, Tel. 0472 760608, www.ratschings.info

Knappenstube, urige und gemütliche Einkehr direkt beim Museum, Tel. 0472 656471, auch abends ganzjährig geöffnet, außer 7. Januar bis 10. Februar sowie 24. bis 27. November, So abends und Mo Ruhetag
Aglsbodenalm, rustikale Almwirtschaft, nur zu Fuß in knapp 1½ Stunden ab Maiern zu erreichen. Ridnaun-Maiern. Tel. 347 1104726, nur im Sommer geöffnet

43 Eine Reise ins Mittelalter

ZUR BURG RODENEGG AM EINGANG INS PUSTERTAL

Die Burg thront scheinbar uneinnehmbar auf einem Felssporn über der Rienzschlucht und bewachte den Zugang zum Pustertal. Die großen Verkehrsströme ziehen allerdings etwas abseits von Burg Rodenegg und dem Dorf Rodeneck vorbei und stören nicht die von Wiesen, Feldern und Wäldern durchwachsene Idylle.

Was Kindern gefällt

So stellen sich Kinder eine Ritterburg vor: auf einem Felsen thronend, wehrhafte Mauern, behäbige Türme, Zugbrücke, eisenbeschlagene Türen, Pechnasen, Schießscharten und Fallgitter! Neben dem erbarmungslos finsteren, tiefen Kerker gibt es herrschaftliche Räume für die adeligen Besitzer, eine Burgkapelle, eine Kammer mit alten Waffen und Rüstungen. Die Herzen kleiner Edelmänner und Burgfräuleins klopfen ohnehin schon schneller, da erzählen die Führer noch allerlei Schauriges! Die Eltern werden sich hingegen für die ältesten profanen Wandmalereien im deutschen Sprachraum, den im frühen 13. Jh. entstandenen Iwein-Zyklus in der Trinkstube, interessieren.

Tipp

Oberhalb von Rodeneck erstrecken sich weitläufige Almen. Somit kann der Besuch von Burg Rodenegg mit einer schönen Wanderung kombiniert werden. Zum Parkplatz Zumis (1724 m) sind es wenige Kilometer ab Rodeneck; von dort führt ein mäßig ansteigender Wanderweg in die Höhe, wo mehrere bewirtschaftete Almhütten zur Rast einladen. Die weiten Wiesen sind die schönsten Kinderspielplätze! Gehzeit Parkplatz Zumis–Starkenfeldhütte: knapp 2 Stunden, 250 m Höhenleistung, 5,4 km.

GESCHICHTE UND GESCHICHTEN

Hartmann von Aues *Iwein-Epos* ist die um 1200 in Versform verfasste Geschichte des Königssohn Iwein: Dieser erschlägt den ritterlichen Herrn Askalon, entkommt dank der Zofe Lunete und eines unsichtbar machenden Rings seinen Verfolgern, verstrickt sich in eine Liebegeschichte mit der schönen Witwe Laudine und heiratet sie. Dann aber verspielt Iwein die Gunst Laudines, wird vor der Artusrunde verflucht und verfällt dem Wahnsinn. Von einer Fee geheilt, gewinnt er durch neue Abenteuer, jetzt im Dienste Schutzloser, seine Ehre und Gattin wieder. Iwein repräsentiert den Ritter, der lernt, nicht aus bloßer Abenteuerlust, sondern zur Verteidigung von Frieden und Gerechtigkeit in den Kampf zu ziehen.

INFOS IN KÜRZE

Ab 6 Jahre
Mindestens 1 Stunde
Für Kinderwagen bedingt geeignet
Sommer, guter Schlechtwettertipp
Freizeitkleidung
Bei Mühlbach zweigt die Straße nach Rodeneck ab, von dort sind es wenige Minuten Fußweg zur Burg.
Bus (Nr. 412) Mühlbach–Rodeneck
Eintritt 5 €, Kinder bis 6 Jahre kostenlos, Kinder von 6 bis 10 Jahren 2 €
Nur im Rahmen von Führungen zugänglich: 15. Mai bis 15. Okt., Di–So, 11 u. 15 Uhr (Mitte Juli bis Ende August auch 16 Uhr)
Pächterfamilie, Kastellan, Tel. 0472 454056
Tourismusverein Rodeneck, Tel. 0472 454 050
Gasthof zum Löwen, Hotel, Restaurant am Parkplatz, wo der Fußweg zum Schloss beginnt, Tische auch im Freien. Rodeneck, Vill 2, Tel. 0472 545243, www.hotel-loewen.it

44 Spielwiese auf der Alm

WANDERUNG ZUR PRANTER-STADL-HÜTTE BEI MERANSEN

Für diese Wanderung muss niemand früh aufstehen oder besonders gut zu Fuß sein, den Weg ins Altfasstal bei Meransen schaffen auch weniger Gehtüchtige. Es ist ein Ausflug in ein Stück schönster Natur, der auf einem bequemen Weg durch Wiesen und Wälder entlang einem Bach führt, mit schöner Aussicht und zu Füßen mächtiger Berge. Am Ende der Tour liegt eine ausgesprochen kinderfreundliche Almhütte (1833 m) mit unglaublich vielen Spielmöglichkeiten, sodass die Kleinen wahrscheinlich gar nicht mehr nach Hause wollen.

Was Kindern gefällt

In dem kleinen **Teich** vor der Pranter-Stadl-Hütte tummeln sich Forellen im klaren Wasser, am Ufer wachen bunte Gartenzwerge und ein Springbrunnen plätschert munter vor sich hin. Das zieht Kindern sicher in Bann! Am Mühlenhäuschen dreht sich ein Wasserrad. Im kleinen Spielhäuschen wird gekocht, dazu der Spielherd angeheizt, dass der Kamin nur so qualmt. Wer es nicht so häuslich mag, tobt auf den **Schaukeln**, **Rutschen**, Wippen, Spielbäumen oder auf den anderen vielen Spielgeräten herum oder schlägt einfach auf der Wiese Purzelbäume. Der Rasen ist äußerst dicht und gepflegt, gerade so, als sei für die Kinder ein grüner Teppich ausgerollt worden. Hinter der Almhütte warten geduldige **Tiere** auf kleine Quälgeister, ein Bächlein schlängelt sich durch den Almboden, ideal für Wasserspiele und zum Bauen von Staudämmen und Teichen.

GESCHICHTE UND GESCHICHTEN

Beim Ausflug ins Altfasstal führt die Zufahrt durch das Streudorf Meransen, dessen markanten Mittelpunkt die Kirche bildet. Der Bau mit dem romanischen Turm ist dem hl. Jakobus sowie den hl. drei Jungfrauen Aubet, Cubet und Quere geweiht. Um diese drei Frauen – deren Holzbildnisse am Seitenalter stehen – spinnen sich seltsame **Legenden**, die in der Kirchengeschichte keine Bestätigung finden: Auf der Flucht vor Attila, dem grausamen Hunnenkönig, hatten sie sich angeblich in die Gegend von Meransen verirrt. Auf dem steilen Weg von Mühlbach nach Meransen sanken sie in der Sommerhitze erschöpft zu Boden, worauf sogleich eine frische Quelle aus dem Felsen sprudelte, ein Kirschbaum kühlen Schatten spendete und ihnen seine fruchtbeladenen Zweige entgegenneigte. Also ließen sich die drei Frauen in Meransen nieder, und es geschahen noch viele weitere Wunder.

Tipps

In der Wieserhütte nahe der Pranter-Alm verarbeitet der Senner Simon die Milch der Kühe, die im Sommer auf der Alm weiden, zu schmackhaftem **Almkäse**. Sie können den Käse direkt verkosten und auch kaufen. Falls Sie mit größeren Kindern unterwegs sind, sollten Sie sich den Spaß leisten, bei der Pranter-Alm ein **Mountainbike** auszuleihen und den Weg zurück nach Meransen hinuntersausen. Da es immer sanft bergab geht, brauchen Sie dabei kaum in die Pedale treten. In Meransen angekommen, nimmt das Sportgeschäft an der Talstation der Umlaufbahn die Räder wieder in Empfang – so einfach ist es! Die Räder sind tipp topp, mit Federgabel und guter Schaltung ausgestattet, die Leihgebühr von 6 € ist erschwinglich.

INFOS IN KÜRZE

Ab 2 Jahre
Mindestens Halbtagesausflug
Für Kinderbuggys sehr gut geeignet
Der Ausflug eignet sich von Frühsommer bis Herbst.
Wanderkleidung
In Meransen den Schildern zum gebührenpflichtigen Parkplatz Altfasstal folgen, dann breiter Güterweg, Markierung Nr. 16, bei einer Weggabelung nach 10 Minuten halten Sie sich taleinwärts rechts, nach 1½ Stunden ist die Hütte erreicht. Rückweg auf der anderen Talseite auf Weg 15, dabei weitere Einkehrmöglichkeit: Großberghütte. Hin- und Rückweg knapp 10 km, gut 2½ Stunden Gehzeit, 300 Höhenmeter.
Mitte Mai bis Ende Oktober
Konrad Unterkircher, Pranter-Stadl-Hütte, Tel. 340 6213882; **Tourismusverein Almenregion Gitschberg-Jochtal**, Seilbahnplatz 123, Meransen-Mühlbach, Tel. 0472 520197, www.gitschberg-jochtal.com
Pranter-Stadl-Hütte, nicht nur kinderfreundliche, auch gemütliche Almhütte mit Sonnenterrasse, gute Hausmannskost. Tel. 340 6213882
Wieserhütte, in unmittelbarer Nähe der Pranter-Stadl-Hütte, Almkäserei, Übernachtungsmöglichkeit. Tel. 0472 520350, www.wieserhuette.com
Großberghütte, Sonnenterrasse, Wildgerichte. Tel. 0472 520277, www.grossberghuette.com

45 Trekking mit Langohr-Begleitung

ESELWANDERUNGEN IN TERENTEN

Erleben Sie, wie schön es sein kann, in Begleitung eines Esels auf Wandertour zu gehen. Wenn der treue graue Freund den Rucksack trägt und Kinder für eine kurze Strecke sogar in den Sattel dürfen, vergessen sie schnell das Meckern und Raunzen. Thomas Mariner hat eine bereits im Ausland bewährte Idee übernommen und neben seinem modernen Haus mitten im Grünen auf der Sonnenseite bei Terenten eine Eselfarm eingerichtet. Sie ist mittlerweile ein beliebter Treffpunkt für Kinder und Jugendliche.

Was Kindern gefällt

Das weiche Fell bürsten, beim **Satteln** helfen, das Halfter anlegen – all das schafft schon mal Vertrautheit. Dann wird der Rucksack auf den Packsattel aufgebunden, denn der Esel trägt den Proviant für das **Picknick** unterwegs. Thomas Mariner hat schon die richtige Route im Auge: durch Wiesen und Wald zu einem schönen Aussichtspunkt mit Ruhebänken, wo die Jause verzehrt wird. Manchmal wird auch zu Tagesfahrten oder mehrtägigen Touren aufgebrochen. Für die Kleinsten gibt es **Schnupperstunden**. Etwas ganz Besonderes sind die Geburtstagsfeiern mit Kindern und einer netten Eselrunde.

GESCHICHTE UND GESCHICHTEN

Der Esel kann auf eine lange Geschichte zurückblicken: Schon vor 6000 Jahren wurde er in Ägypten gezüchtet und als Haustier gehalten. Er diente als Reit-, Last- und Zugtier, lieferte Milch, Fleisch und Leder. Wer kennt nicht die Überlieferung, wonach die schöne Kleopatra, Cäsars Angebetete und Königin von Ägypten, in Eselsmilch badete!
Alle Eselrassen stammen vom Asiatischen Wildesel ab. Der **Esel** ist ein Herdentier, er fühlt sich in Gesellschaft wohl; Esel kennen – anders als Pferde – kaum Rangordnungskämpfe und fliehen auch nicht überstürzt vor tatsächlichen oder vermeintlichen Feinden. Sie brauchen frische Luft und keine stickigen Ställe, einen trockenen, befestigten Platz, weil die Hufe bei Nässe anfällig für Krankheiten sind. Im Gegensatz zu Rindern oder Schafen lieben sie trockenes Futter wie Heu und Stroh und nicht so sehr das frische grüne Gras. Weil die Heimat des Esels bergiges, unwegsames Gelände war, ist er sehr trittsicher, eine Eigenschaft, die ihm in den Südtiroler Bergen zugute kommt. Er ist gutmütig, anhänglich und treu. Esel sind erst mit sieben Jahren vollständig ausgewachsen, vor dem vierten Lebensjahr sollten sie deshalb nicht zur Arbeit und zum Reiten herangezogen werden. Das Fell muss übrigens nicht immer grau sein, es gibt auch braune, weiße und gescheckte Esel. Im Volksmund heißen die Esel in Tirol auch „Grischer"; sie strahlen Ruhe und Geduld aus und eignen sich aufgrund ihres sanftmütigen und feinfühligen Charakters gut als **Kontakttiere bei Menschen mit Behinderung** oder für die therapeutische Arbeit mit schwer erziehbaren Jugendlichen.

Tipp

Vielleicht wollen Sie ganze **Eselwandertage** planen. Gerade älteren Kindern werden diese dauerhaft in Erinnerung bleiben. Esel motivieren die jungen Menschen zum Wandern, vermitteln Spaß an der Bewegung und fördern die Kameradschaft. Denn sie lernen ganz nebenbei, zusammenzuarbeiten, gemeinsam ein Ziel zu definieren und einzuhalten. Bei der Versorgung der Esel, dem Packen, Kartenlesen und dem Führen der Tiere übernehmen sie Verantwortung.

INFOS IN KÜRZE

Ab 3 Jahre; Vormerkung erwünscht
Mindestens 2 Stunden
Für Kinderwagen nicht geeignet
Der Ausflug eignet sich das ganze Jahr über.
Freizeitkleidung, unempfindliche Hosen
Von Vintl biegt die Straße nach Terenten ab, an der Ortseinfahrt den Hinweisschildern nach Margen/Pein folgen (ca. 3 km)
Bus ab Bruneck (Nr. 431) bzw. Vintl (Nr. 417) nach Terenten; von dort etwa 30 Minuten Fußweg nach Pein
Halbtagestour (3–4 Stunden) für eine Familie, unabhängig von der Anzahl der Kinder: 40 €; Ganztagestour (6–7 Stunden) für eine Familie: 60 €; Einzelperson Halbtagestour: 15 €, Ganztagestour: 30 €; Schnupperstunde (2 Stunden) pro Kind: 8 €. Bei Gruppen wird der Preis der Teilnehmerzahl angepasst. Geburtstagsfeier pro Kind: 12 €, Geburtstagsmenü inbegriffen, wird vorher mit Eltern abgesprochen, gern werden Würstchen gegrillt.
Jederzeit gegen Voranmeldung
Eselfarm Pein in Terenten, Pein Nr. 17, 39030 Terenten, Tel. 347 5111353, www.eselfarm.eu.
Tourismusverein Terenten, St.-Georgs-Straße 1, 39030 Terenten, Tel. 0472 546140, www.terenten.com
Sunndorf, Cafe-Eisdiele am Dorfplatz in Terenten, gutes Eis und Kuchen, daneben schöner Kinderspielplatz. Tel. 0472 546565, Di Ruhetag
Jennewein, Jausestation am Fuße der Erdpyramiden, eines der Ziele der Eselwanderungen, 20 Minuten Gehzeit vom Dorf, Hausmannskost, Bachspielplatz für Kinder. Terner Talweg, Tel. 0472 544249

46 Seiltanz zwischen den Bäumen mit Seeblick

IN DEN ABENTEUERPARK AM ISSINGER WEIHER

Im Pustertal, im Wald beim Issinger Weiher, fühlen sich alle jungen Tarzans wie zu Hause. Hoch oben zwischen den Bäumen sind schlingernde Hängebrücken gespannt, an den Stämmen lehnen Leitern, von den Ästen baumeln Seile. Zugegeben, wer den Parcours schaffen will, sollte schon schwindelfrei sein. Kleine Abenteurer aber werden vom Hochseilgarten gar nicht genug bekommen. Und, keine Angst: Doppelkarabiner und Stahlseile sichern die Klettermaxe – das prickelnde Erlebnis ist sicher. Bei acht verschiedenen Parcours, von leicht bis anspruchsvoll, werden Geschicklichkeit, Mut und Schwindelfreiheit auf die Probe gestellt.

Was Kindern gefällt

Zunächst schlottern ihnen die Knie, danach aber fühlen sie sich riesengroß und bärenstark! Sobald **Klettergurt, Helm und Sicherungsseile** mit Karabinern angelegt sind, steigt die Spannung. Den sicheren Boden tief unter sich zurückgelassen, klettern die mutigen Seiltänzer von einer Plattform zur nächsten, stets unter Aufsicht eines ausgebildeten Führers.

Die Kleinsten tummeln sich auf dem **Taka-Tuka-Parcours** in nur 1,5 Meter Höhe, der durchgehend mit Netzen gesichert ist, während die

Eltern sie am Boden begleiten. Ab 14 Jahren geht es richtig zur Sache: Bei bis zu 14 Meter Höhe sind Schwindelfreiheit und Mut gefragt! Nur die über 16-Jährigen dürfen auf den schwarzen Parcours, der in 20 Meter Höhe von Wipfel zu Wipfel führt.

GESCHICHTE UND GESCHICHTEN

Wie so viele neue Sportarten kommt auch das Hochseilklettern aus den Vereinigten Staaten. Für den Bau der Anlage bei Issing wurden Tausende Meter Stahl- und Kunststoffseile benötigt. Von den 100 Stationen verlaufen etliche auf 20 Meter Höhe, mit Seeblick auf den Issinger Weiher! Die Plattformen des **Hochseilgartens** sind auf mächtigen Fichten verankert. Zwischen den Bäumen verlaufen Stahlseile, Seilnetze, Seilschlingen und andere Hindernisse, die es zu überwinden oder zu erkraxeln gilt. Die Benutzung der Anlage ist völlig ungefährlich, solange die Anweisungen des Aufsichtspersonals befolgt werden. Ein Betreten der Kletterwege ohne Führer ist gar nicht möglich, der Zugang zu den Stationen ist ohne Begleitung unpassierbar. Der Betreuer erklärt den Hobby-Kraxlern, wie sie die verschiedenen Hindernisse überwinden können, zudem überwacht er die richtige Handhabung der Sicherheitsausrüstung: Helm, Gurt und Klettersteigset; sie werden selbstverständlich vor Ort gestellt.

Tipp

Badehose einpacken! Der nahe gelegene Issinger Weiher ist einer der wenigen Badeseen Südtirols, er liegt romantisch im Wald zwischen Kiens und Pfalzen. An seinem Ufer liegt eine gepflegte Liegewiese (Eintritt gebührenpflichtig), ein Strandcafé sowie ein kleines Hotel mit Restaurant und Terrasse.

INFOS IN KÜRZE

Ab 2 Jahre
Halbtagesausflug
Für Kinderwagen nicht geeignet
Der Ausflug eignet sich von Frühsommer bis Frühherbst; im Hochsommer herrschen im Wald auf rund 1000 m Höhe angenehme Temperaturen.
Entgegen den Erwartungen reicht ein bisschen Mut.
Es werden Turn- oder Trekkingschuhe empfohlen sowie einfache Freizeitkleidung, da es zu Verschmutzung durch Baumharz kommen kann.
Ab Kiens auf 2 km langer Straße bis zum Issinger Weiher, daneben liegt der Hochseilgarten.
Bus (Nr. 431) ab Bruneck, Haltestelle Issing
Kinder bis 6 Jahre am Taka-Tuka-Parcours: 5 €; 6 bis 15 Jahre: 13 €; Jugendliche ab 16 Jahre: 16 €; Erwachsene: 19 €; Abenteuertag für Kinder von 6 bis 12 Jahre: 32 € (ein besonderes Geschenk für Kinder!); Gruppen- und Familienermäßigungen
Geöffnet von Mai bis Oktober
Infos und Vormerkung, Kronaction Outdoor & Fun Park, Issinger Weiher, 39030 Pfalzen, Tel. 348 5947813, www.kronaction.com
Café am Issinger Weiher, modern, viel Glas und Stahl, kleine Gerichte, Kaffee und Kuchen, Seeterrasse. Issing/Pfalzen, Tel. 0474 565371, Ende Mai bis Anfang September täglich 10–18 Uhr
Hotel Bar Restaurant Weiher, auch Wanderer sind im rustikalen Haus am See willkommen, im Café herrliche Kuchen. Issing/Pfalzen, Tel. 0474 565227, www.weiher.com, außer November und April ganzjährig geöffnet, Mo Ruhetag, in der Hochsaison kein Ruhetag

47 Ein Schloss spricht anders

INS MUSEUM LADIN ĆIASTEL DE TOR

Im Gadertal, in Gröden, im Fassatal, in Buchenstein und Ampezzo sind die Dolomitenladiner daheim – ihnen und ihrer Geschichte ist das ladinische Landesmuseum in St. Martin in Thurn im Gadertal gewidmet: Wir erfahren Wissenswertes von der Entstehung der einzigartigen Berglandschaft, von ihrer prähistorischen Besiedelung, vom alten Handwerk und der Tourismusindustrie der Gegenwart – kurz von diesem ganz eigenen Kulturgut. Dabei ist der schöne Klang der ladinischen Sprache im Museum allgegenwärtig und alles ist so aufbereitet, dass Kinder richtig Spaß daran haben!

Was Kindern gefällt

Im Museum Ladin trifft eine mittelalterliche Schlossanlage mit Türmen, Wehrgängen und Schießscharten auf eine hochmoderne, ausgetüftelte Museumstechnik. Kinder hängen sich erwartungsvoll den **Audioführer** um und rufen über Computer zusätzliche Informationen ab. Geschäftig wuseln die Kleinen über den **gläsernen Boden** eines Ausstellungsraums, unter dem sich die Nachbildung einer Landschaft ausbreitet, und hinauf über die Steintreppen in den Turm. Die Aussicht von dort oben ist grandios. Spannend auch die videounterstützte Erzählung von den Kämpfen zwischen Kardinal Cusanus vom Bistum Brixen und seiner Widersacherin, der Äbtissin Verena von der Sonnenburg, bei denen es um den Einfluss im Gadertal ging. Wer Märchen liebt, erfährt im **Puppentheater** die Geschichte vom „Gran Bracun", einem Edelmann und mutigem Drachentöter. Das Museum versteht es zweifelsohne, Kinder in den Bann zu ziehen und Geschichte spielerisch zu vermitteln.

GESCHICHTE UND GESCHICHTEN

Vor vielen Jahren lebte in den Gadertaler Dolomiten, am Fuße des Kreuzkofels, ein grausamer Drache, der weder Tiere noch Menschen verschonte und auf seinen Beutezügen immer weiter in die Dörfer vordrang. Manch tapferer Bauer wollte ihm zu Leibe rücken, doch siegreich blieb stets das Untier – bis der Edelmann Francësch Wilhelm de Brach, der „Gran Bracun", von einem Kreuzzug heimkehrte. Ihn ersuchten die geplagten Bewohner um Hilfe und sogleich legte der seine glänzende Rüstung an, schwang sich aufs Pferd und ritt zur Drachenhöhle. Mit aufgerissenem Rachen stürzte der Drache aus der Höhle; der Gran Bracun aber blieb davon unbeeindruckt, schoss dem Tier einen verzauberten Pfeil mitten ins Herz und brachte ihn damit zur Strecke. Die Dorfbewohner lebten nun wieder in Frieden – der edle Gran Bacun aber hatte sich ob seiner Tapferkeit unsterblichen Ruhm erworben.

Tipp

Nehmen Sie sich Zeit für die einmalige Landschaft des Gadertals. Empfehlenswert ist der kurze Ausflug zum Mühlental: Bei St. Martin in Thurn zweigt westlich ein Seitental ins Herz der Dolomiten ab, das Campiller Tal. Am Seres-Bach bei Miscì wurden mehrere Mühlen restauriert, die ein Rundwanderweg streift. Nur die erste Mühle (Parkplatz in der Nähe) steht für Besichtigungen offen (freier Eintritt), die restlichen sieben Mühlenhäuschen sind nicht zugänglich. Doch alle sind sie saniert und das Wasser saust munter durch die Zuflussrinnen. Für den Mühlenrundweg sollten Sie eine gute halbe Stunde einplanen. Wer etwas länger wandern möchte, startet vom Dörfchen Campill aus: Weg Nr. 4 führt vom Parkplatz bei der Kirche in 40 Minuten zum Mühlental; zurück geht es über die kaum befahrene Zufahrtsstraße, Markierung 4a, später 5, in 30 Minuten. Einkehr beim Hofschank Lüch de Vanć.

INFOS IN KÜRZE

Ab 4 Jahre; eigenes Programm für Kinder zwischen 4 und 7 Jahren, Vormerkung erwünscht
2 Stunden
Für Kinderwagen nicht geeignet
Das ganze Jahr über
Freizeitkleidung
Das weithin sichtbare Schloss liegt oberhalb von St. Martin in Thurn im Gadertal, ca. 15 km von St. Lorenzen im Pustertal.
Bus (Nr. 460) ab Bruneck bzw. St. Lorenzen bis zur ersten Haltestelle nach Pikolein, von dort 20 Minuten Fußweg über St. Martin in Thurn zum Museum
Erwachsene: 6 €; Kinder ab 6 Jahre, Studenten, Senioren: 4,50 €; Familienkarte: 12 €; Schulklassen: 1 € pro Schüler
Palmsonntag bis 31. Okt., Di–Sa 10–18 Uhr, So 14–18 Uhr; August auch Mo; 26. Dezember bis Palmsonntag Mi–Fr 14–18 Uhr
Museum Ladin Ćiastel de Tor, Torstraße 65, 39030 St. Martin in Thurn, Tel. 0474 524020, www.museumladin.it. Für größere Kinder und die Eltern sind die Audioguides unbedingt zu empfehlen.
Tourismusverein St. Martin in Thurn, Tel. 0474 523175
Café im Museum, Imbiss, Terrasse und Garten mit toller Aussicht
Gasthof Dasser in St. Martin, historisches Dorfgasthaus. Tel. 0474 523120, außer im Hochsommer Mo Ruhetag
Hofschank Lüch de Vanć in Seres, Tel. 0474 590108, www.vanc.it, kein Ruhetag

48 Im Reich der Tiere

INS NATURPARKHAUS VON ST. VIGIL IN ENNEBERG

Die Landschaft des Naturparks Fanes-Sennes-Prags ist von hellen Dolomitengipfeln, bis über die Baumgrenze reichenden Hochflächen, Wäldern und herrlichen Seen geprägt. Das eigenwillig, außen mit viel Holz gestaltete Besucherzentrum ist wie ein offenes Fenster zum Naturpark. Interaktive Medien, Videos, Schaukästen und Ausstellungsstücke zum Anfassen führen in die Geheimnisse der Natur ein.

Was Kindern gefällt

Die Schaukästen mit den anschaulichen Exponaten, insbesondere die echten Schädelknochen mit den mächtigen Zähnen des längst ausgestorbenen **Höhlenbären** – das zieht Kindern an. Lebende Reptilien und Amphibien in Terrarien, Fotos, Kurzfilme und Erklärungstexte bringen kleinen und großen Besuchern anschaulich und unterhaltsam die Lebensräume der Berge näher. Staunend hören sie von der **Sagenwelt Ladiniens**, dem erwähnten Höhlenbären, von der Entstehung der Dolomiten, welche einst als Korallenriffe in einem warmen Meer emporwuchsen. Sie erfahren, wie in Jahrmillionen Wasser, Wind, Gletschereis und Erosion die Landschaft formten. Durch ein **Computerspiel** treten die Kinder sogar in die Fußstapfen eines Höhlenforschers, und bei einem Puzzle-Spiel gilt es, Versteinerungen – natürlich deren Nachbildungen – zusammenzusetzen.

GESCHICHTE UND GESCHICHTEN

Im Jahr 1987 entdeckte ein Bergführer unterhalb des Conturines-Gipfels im Fanes-Gebiet (daher der Name Conturines-Bär) in einer Höhle einen sensationellen Fund: die Skelette Hunderter von Bären. Trotz ihrer großen, spitzen Eckzähne ernährten sie sich von Pflanzen. Die mächtigen Tiere starben vor etwa 10 000 Jahren aus. Im Naturparkhaus sind ein vollständig aufgebautes **Skelett** sowie ein Schädel zu sehen.

Tipp

Unmittelbar beim Naturparkhaus liegt der Ausgangspunkt des schönen **Natur- und Kulturerlebniswegs**, der auch mit Kinderwagen zu bewältigen ist. Auf bunt bemalten Schautafeln ist die reiche Sagenwelt Ladiniens dargestellt, in der es neben den Bergbewohnern nicht an Zwergen, Prinzessinnen, verzauberten Landschaften, unterirdischen Schätzen und Königreichen mangelt. Im Naturparkhaus liegt ein Prospekt dazu aus, ein Quiz spornt zu erhöhter Aufmerksamkeit an. Gehzeit eine knappe Stunde.

INFOS IN KÜRZE

Ab 6 Jahre
Mindestens 1 Stunde
Für Kinderwagen geeignet, behindertengerecht
Sommer und Winter, guter Schlechtwettertipp
Freizeitkleidung
Bei Zwischenwasser im Gadertal zweigt die Straße nach Enneberg ab, an der Dorfausfahrt von St. Vigil, Richtung Pederü, Parkplatz.
Bus (Nr. 460, 461) ab Bruneck bzw. St. Lorenzen bis St. Vigil in Enneberg
Freier Zutritt

Von Mai bis Oktober und von Ende Dezember bis März Di–Sa 9.30–12.30 und 16–19 Uhr. Im Juli und August auch So, Do auch 21–22.30 Uhr
Naturparkhaus, Tel. 0474 506120, www.provinz.bz.it/naturparke
Tourismusverein St. Vigil, Tel. 0474 501037
Arnold's und Pizzeria, Pizzeria, Restaurant, Tische auch im Freien, Kinderspielplatz. Oberhalb des Naturparkhauses, St. Vigil in Enneberg, Katharina-Lanz-Str. 65, Tel. 0474 501409

49 Badestrand in den Dolomiten

ZUR SPIAGGETTA CIAMAUR IN ENNEBERG

Der lebhafte Ort St. Vigil in Enneberg liegt in einem Seitenarm des Gadertales, versteckt zwischen Seekofel und dem mächtigen Klotz des Kreuzkofels. Ein Bächlein fließt gemächlich über den flachen Talboden. Zur Freude der Einheimischen und Gäste hat der Tourismusverein bei der Bauchau Ciamaur, 1,5 Kilometer hinter St. Vigil, das Bachufer verbreitert, begrünt, kleine Seitenarme geschaffen und einen Kinderabenteuerspielplatz angelegt.

Was Kindern gefällt

Es locken Sitzbänke, Picknicktische, Brunnen, Spielhäuschen, geschnitzte Tierfiguren und Spielgeräte. So lässt sich erst mal eine zünftige Jause machen. Das Tollste für Kinder ist der Sandstrand am Bach und das seichte fließende Wasser. Was gibt es an heißen Sommertagen Schöneres, als inmitten der Dolomiten an einem Strand zu spielen: Dämme zu errichten, Wasser umzuleiten, neu geschaffene Inseln mit Grasnarben zu bepflanzen – bis die Hosen, obwohl hochgekrempelt, klitschnass sind. Derweil lesen die Eltern gemütlich Zeitung oder sonnen sich auf der Wiese.

Tipp

Durch das Rautal, das sich von St. Vigil zu den sagenumwobenen Bergen Fanes hinzieht, führt eine gute Autostraße. In Pederü ist bei einem Gasthaus ein Parkplatz angelegt; er ist Ausgangspunkt für lohnende Wander- und Kletterrouten im Gebiet der Fanes- oder der Sennesalm. Durch das Tal zieht sich zudem ein angenehmer, breiter Spazierweg, im Winter eine beliebte Langlaufstrecke. Für die zwölf Kilometer ab St. Vigil sind gut zwei Stunden Gehzeit zu veranschlagen. An der Strecke, durch Hinweisschilder gut gekennzeichnet, lässt sich ein beeindruckendes Naturschauspiel beobachten: Aus dem Felsen sprudeln mächtige Quellen hervor, die sich zu einem munteren Bach vereinigen.

GESCHICHTE UND GESCHICHTEN

Das Volk der Fanes hatte mit seinen Verbündeten, den Murmeltieren, ein blühendes Reich errichtet. Doch ein verräterischer König führte sie in eine vernichtende Schlacht, das Land wurde verwüstet und in eine Steinwüste verwandelt. In der Schlacht fiel auch die eigentlich unverwundbare Königstochter Dolasilla. Durch eine List waren nämlich ihre tödlichen Zauberpfeile in die Hände ihrer Feinde geraten. Die letzten Überlebenden der Fanes erwarten seitdem in der Unterwelt der Berge, bewacht von den Murmeltieren, den Anbruch einer neuen, guten und versöhnlichen Zeit. Der König der Fanes aber wurde aufgrund seiner Falschheit in einen Felsen verwandelt; er steht am Falzaregopass als „falscher (*falza*) König“ (*rego*) – bzw. als *fautso rego*, wie die Ladiner sagen.

INFOS IN KÜRZE

Ab 2 Jahre
2 Stunden
Für Kinderwagen gut geeignet
Sommer
Freizeitkleidung. Handtücher nicht vergessen!
Anfahrt über St. Vigil in Enneberg, 1,2 km nach dem Naturparkhaus, in der Nähe der Sportanlagen, auf der gegenüberliegenden Seite des Reitstalls; Parkplatz.
Bus (Nr. 460, 461) ab Bruneck bzw. St. Lorenzen
Frei zugänglich
Jederzeit zugänglich
Tourismusverein St. Vigil in Enneberg, Tel. 0474 501037
Mutsch Café Conditoria, schöne Konditorei neben der Bäckerei im Zentrum von St. Vigil in Enneberg, Eis- und Mehlspeisen aus eigener Produktion. Fanesstr. 4, Tel. 0474 501015

50 Ein Berg erzählt

AUF DEN SPUREN DES KRIEGS AM LAGAZUOI

Im Ersten Weltkrieg standen sich im Gebiet um den Col di Lana, der Tofana und des Lagazuoi, Österreicher und Italiener in erbitterten Kämpfen gegenüber. Die Italiener versuchten unter größten Anstrengungen, über den Falzaregopass nach Tirol vorzudringen. Die Österreicher verschanzten sich auf dem Gipfel des Lagazuoi und leisteten heftigen Widerstand. Die Italiener gruben kilometerlange Stollen in den Felsen, schleppten Unmengen von Sprengstoff an und jagten ganze Teile des Bergs in die Luft, um den Durchbruch zu erzwingen – vergeblich. Die ehemaligen Stellungen und Stollen sind heute ein Freilichtmuseum zum erbarmungslosen Gebirgskrieg.

Was Kindern gefällt

Bereits die **Seilbahnfahrt** auf den Gipfel des Lagazuoi ist ein Erlebnis: Die Gondel überwindet 800 Meter ohne Stützpfeiler in wenigen Minuten – wie im Aufzug geht's in die Höhe. Der Abstieg, zuerst eine kurze Strecke im Freien, dann weitgehend in Tunnels, ist wahrhaft abenteuerlich! Im Laufe des Kriegs durchbohrten die Soldaten den Lagazuoi wie einen Schweizer Käse, die viele Kilometer langen **Stollen** sind mit Sicherheitsleinen, Leitern und Stiegen begehbar gemacht. **Schützengräben**, Stellungen, Gucklöcher, Fundamente alter Materialseilbahnen, Geschützstellungen, enge, finstere und kalte Mannschaftsunterkünfte erzählen vom harten Leben der Soldaten. Unzählige Menschen verloren im zermürbenden Stellungskrieg ihr Leben. Sorglos, aber interessiert und erwartungsvoll streifen die Kinder von heute über die alten Kriegsschauplätze.

GESCHICHTE UND GESCHICHTEN

1915 trat auch Italien in den Ersten Weltkrieg ein und erklärte Österreich-Ungarn den Krieg. Das österreichische Heer verschanzte sich hinter einer Verteidigungslinie, die vom Ortler bis zum Karst reichte. Cortina, das seit 1511 Teil Tirols war, wurde verlassen und die Grenze zu Italien auf den Valparolapass, das Tor zum Gader- und Pustertal, zurückverlegt. Der Lagazuoi erhebt sich mächtig über dem Falzaregopass: Er beherrscht gegen Süden den Zugang ins Cortineser-Gebiet, über diese Gegend zu verfügen, war im Ersten Weltkrieg von ungeheurer strategischer Bedeutung. Auf der einen Seite hatten sich die Österreicher verschanzt, auf der anderen die Italiener. Aus nächster Nähe wurde erbittert gegeneinander gekämpft, die Durchbruchsversuche der Italiener blieben erfolglos. Zwei Jahre (1915–1917) anhaltende Stellungskämpfe brachten für beide Seiten herbe Verluste.

Tipps

Wenn Sie und Ihre kleinen Begleiter gerne wandern, können Sie den Lagazuoi auch zu Fuß erklimmen. Der einfachste und schnellste Weg führt in knapp zwei Stunden auf gutem Steig von der Seilbahntalstation auf das Gipfelplateau (2752 m). Auch wer nichts vom Krieg und Kampf wissen will, wird von der großartigen Aussicht vom Berg begeistert sein und die strategische Bedeutung dieses Gipfels erahnen. Auf der Sonnenterrasse der Lagazuoi-Hütte lässt es sich trefflich speisen und faulenzen.
Wer sich über den Krieg in den Dolomiten informieren und seine stummen Zeugen auf dem Lagazuoi richtig zu deuten lernen will, sollte vor Beginn der zweistündigen Bergtour der Ausstellung in der gepanzerten Sperre Tre Sassi am Valparolapass einen Besuch abstatten.

INFOS IN KÜRZE

Ab 6 Jahre

Tagesausflug, der Abstieg vom Gipfel dauert 2 bis 3 Stunden.

Für Kinderwagen nicht geeignet

Der Ausflug eignet sich von Sommer bis Herbst, während der Mittsommerfeiertage (Ferragosto) sehr stark besucht.

Wanderausrüstung, festes Schuhwerk, Helm (auch Radhelm) für die engen, unbeleuchteten Stollen, Taschenlampe! Helme und Stirnlampen können am Kiosk bei der Talstation (Büro der Bergführervereinigung) gegen geringes Entgelt ausgeliehen werden. Helm und Stirnlampen verleiht auch das Tourismusbüro Lagazuoi 5 Torri, Cortina d'Ampezzo, Via Stazione 3, Tel. 0436 2863.

Bei Stern/La Ila im Gadertal Abzweigung zum Valparolapass, Fahrt bis zur Seilbahn-Talstation 1 km hinter dem Pass, Parkplatz. Von der Bergstation führt ein kurzes, gut ausgeschildertes Wegstück zum Stolleneingang.

Bus Gadertal–Cortina

Freier Zugang

Geöffnet von Mai bis Oktober

Kurverwaltung Cortina, Cortina d'Ampezzo, Piazzetta S. Francesco 8, Tel. 0436 3231, www.apt-dolomiti-cortina.it
Tourismusverband Gadertal, Stern/La Ila, Tel. 0471 847037, www.altabadia.org
Seilbahn, Tel. 0436 867301

Lagazuoi-Hütte, auf 2752 m, ziemlich überlaufen, gute Hüttenkost mit italienischem Einschlag: Polenta, Pilze, Nudelgerichte. Tel. 0436 867303
Bar Passo Falzarego, einfaches Lokal am Pass (2117 m), direkt gegenüber der Seilbahn-Talstation. Tel. 0436 860393

51 Von der Kraft des Wassers

UNTERWEGS IM MÜHLWALDER TAL

Das Mühlwalder Tal ist eines der einsamsten Bergtäler im Nordosten Südtirols. Die Touristiker haben aus der relativen Abgeschiedenheit und der großartigen Natur mit rauschenden Bächen, engen Schluchten und beeindruckenden Bergriesen eine Tugend gemacht: Sie legten Themenwege über „die Kraft des Wassers" an. Mehrere Rundwege, vom einfachen, kinderwagentauglichen um den Mühlwalder Stausee bis zum Wanderweg in die hochalpine Zone am Neves-Stausee zeigen auch jungen Wanderern einprägsam die Gefahren der ungestümen und den Nutzen der gebändigten Wasserkraft. Wir wählen den sogenannten Klammweg.

Was Kindern gefällt

Am Eingang zur Lappacher Klamm, nahe einem Parkplatz, lädt der gut ausgestattete **Spielplatz** mit vielen Spielgeräten, Tischen, Bänken, Liegewiese, Brunnen und schöner Grillstelle zu einem vergnüglichen Familienpicknick ein – also unbedingt Jause mitbringen! An heißen Sommertagen wird die **Kneippanlage** mit dem eiskalten Bachwasser von den Kids flugs zum Wasserspielplatz umfunktioniert.
Später ist es eine kleine Mühle und eine wasserbetriebene Säge, eine sogenannte Venezianersäge, die auf dem Weg in die Klamm Kinder neugierig machen und von Zeiten erzählen, als es noch keine elektrische Energie zum Antrieb von Maschinen gab.
Schließlich ist der **Klammweg** selbst überaus kurzweilig: Über Treppen, Leitern und Brücken geht es am reißenden Bach entlang und vorbei an Wasserfällen. Schautafeln erzählen vom ersten E-Werk am Bach und den Schwierigkeiten bei der Bändigung der Wasserkraft.

GESCHICHTE UND GESCHICHTEN

Von Lappach, dem Dorf im hintersten Mühlwalder Tal, führt eine schmale und steile Straße weiter bis zu einer Staumauer, hinter der sich auf 1850 Metern der große **Neves-Stausee** ausdehnt. Die beeindruckende Bogenstaumauer hat eine Kronenhöhe von 94 Meter. Um den See führt ein Wanderweg. Der Staudamm wurde in den Jahren 1960 bis 1964 errichtet. Er speichert im Sommer das Schmelzwasser der großen Gletscher der Zillertaler Berge, deren mächtige Gipfel – der Hohe Weißzint (3371 m), der Große Möseler (3479 m) und der höchste Gipfel dieser Gruppe, der Hochfeiler (3510 m) – den See überragen. Der Bau solcher künstlicher Speicherbecken ist nicht unumstritten. Aufgrund der großen Flächen verdunstet viel Wasser. Berechnungen ergaben, dass die sechs großen Südtiroler Stauseen mit ihrer Gesamtfläche von 1180 Hektar pro Jahr 2,4 Millionen Kubikmeter Wasser verdunsten lassen – das entspricht dem jährlichen Trinkwasserverbrauch in Südtirol! Der Betrieb der E-Werke verändert zudem den Wasserstand der Bäche und damit das natürliche Wassergleichgewicht: In der warmen Jahreszeit wird der natürliche Zufluss verringert, im Winter steigt der Wasserabfluss unverhältnismäßig.

Tipps

Vier Themenwege zur Wasserkraft sind es insgesamt. Der erste („Die Kraft des Wassers") ist zugleich der kürzeste und bequemste, er führt um den kleinen Stausee im Talboden östlich des Dorfs Mühlwald. Der zweite Weg bringt den Besuchern in Innermühlwald unter dem Motto „Wasser und Rad" die Welt der Mühlen näher. Der dritte durch die Klamm westlich von Lappach, ist unser oben beschriebenes Ziel. Der letzte Weg umrundet in rauer Berglandschaft den Neves-Stausee: Die vier Kilometer schaffen auch jüngere Kinder in einer guten Stunde; zur Stärkung liegen am Weg mehrere bewirtschaftete Almhütten.

Für Familien mit größeren Kindern öffnet die Fahrt zum Neves-Stausee ein Fenster zur grandiosen Gletscherwelt der Alpen. Kaum an einem anderen Ort ist das ewige Eis so zum Greifen nah wie bei einer Wanderung von diesem See aus. Zwei Hütten bieten sich als Ziel an: Die **Edelrauthütte** am Eisbruggjoch (2551 m) im Westen des Sees (Gehzeit Hinweg knapp 2½ Stunden, 700 Höhenmeter) oder die **Chemnitzer Hütte** (2424 m) auf der östlichen Talflanke (Gehzeit knapp 2 Stunden, 570 Höhenmeter).

INFOS IN KÜRZE

Ab 2 Jahre für die kurzen Wege zu Mühle und Spielplatz; ab 4 Jahre für den Klammweg

Mindestens 2 Stunden

Erster Teil auch für Kinderwagen geeignet

Im Sommer

Freizeitkleidung bzw. Wanderkleidung

Von Mühlen im Tauferer Tal 12 km ins Mühlwalder Tal, kurz vor Lappach, zweigt vor einer kräftigen Steigung, links die beschilderte Zufahrt zum Parkplatz nahe dem erwähnten Spielplatz samt Kneippanlage ab.

Bus (Nr. 451) ab Sand in Taufers

Freier Zugang

Tourismusverein Mühlwald, Tel. 0474 653220, www.muehlwald.com

Restaurant Pizzeria Fuchsfalle, an der Talstraße kurz nach Mühlwald, neues, gemütliches, gut besuchtes Lokal, Tische auch im Freien. Tel. 0474 653410, www.fuchsfalle.it, Di Ruhetag

Mehrere Almhütten am Neveser Stausee

Übergeben Sie uns Ihr Risiko...
wir kümmern uns darum.

Affidateci i Vostri rischi...
la nostra professione è gestirli.

ASSICONSULT®
GmbH S.r.l.

INTERNATIONAL INSURANCE BROKER
BOZEN - MILANO - INNSBRUCK

Assiconsult GmbH-Srl | Esperantostraße 1 Via Esperanto | 39100 Bozen-Bolzano
Italien-Italia | Tel. +39 0471 06 99 00 | www.assiconsult.com

52 Abenteuerliche Wildwasserfahrt

RAFTING AUF DER AHR

Einige Flüsse in Südtirol eignen sich besonders gut für eine Sportart, bei der sowohl Kinder als auch Erwachsene Spaß haben – sofern sie das Abenteuer lieben: Rafting. In großen robusten Schlauchbooten und begleitet von einem erfahrenen Bootsführer geht es – paddelnd, treibend, sich drehend – wilde oder auf Wunsch auch zahme Flussstrecken entlang. Das Unternehmen „Rafting Club Activ" mit Sitz in Sand in Taufers bietet Wildwasserfahrten auf der Rienz, dem Eisack, der Etsch, der Passer und auf der Ahr an.

Was Kindern gefällt

Aufregend wird die Sache bereits beim Anziehen des Neoprenanzuges, des Helms und der Schwimmweste. Im Boot hat jeder seinen Platz – und versucht, ihn während der rasanten Fahrt zu behalten. Ausgeschlossen ist es ja nicht, dass der eine oder andere Wasser-Cowboy aus dem „Sattel" und ins kühle Nass katapultiert wird. Doch keine Angst: Mit vereinten Kräften werden alle unfreiwilligen Wasserratten wieder ins Boot gehievt. Teamgeist steht bei dem nassen Spaß sowieso an erster Stelle: Jeder muss helfen, das Boot zu steuern, was in der Regel kein Problem ist, sofern die Kommandos des Bootsführers befolgt werden. Zur Beruhigung besorgter Erwachsenen-Gemüter: Mit Kindern von fünf bis zwölf Jahren wird der etwa acht Kilometer lange, ruhige Abschnitt der Ahr von Kematen bis Gais befahren; mit Jugendlichen ab 13 Jahren geht es auf etwas abenteuerlichere Strecken. Auf Wunsch werden „Kids & Family"-Halbtagestouren unternommen.

GESCHICHTE UND GESCHICHTEN

Rafting kommt aus den USA, so wie andere auf den ersten Blick verrückte Sportarten, beispielsweise das Canyoning (Abseilen durch Schluchten und über Wasserfälle) oder Hydrospeed (mit einem Wasserbob durch Wildwasserschnellen schießen), auch Letztere im Programm des Rafting Clubs Activ. Schon in den 1980er-Jahren hat der pfiffige und unternehmungslustige Tauferer Hermann Oberlechner mit dem **Rafting auf der Ahr** begonnen. Im Winter ist er Skilehrer, im Sommer Raftingunternehmer und Bootsfahrer – eine gute Kombination. Mittlerweile ist Oberlechner Herr über zahlreiche große Schlauchboote und Chef einer bewährten Mannschaft von Bootsführern. Das Unternehmen ist Mitglied der italienischen Rafting-Vereinigung (AIRAF) und führt alle Wildwasserfahrten unter Einhaltung höchster Sicherheitsmaßstäbe durch; alle Bootsführer sind AIRAF-geprüft.

Tipp

Bei Sand in Taufers mündet ein Hochtal, das Reintal. Der Reinbach, im Sommer vom Schmelzwasser der Gletscher gespeist, stürzt zuletzt in mehreren Stufen über Felsen hinab: Die **Reinbachfälle** sind die eindruckvollsten Wasserfälle Südtirols. Auf bequemen Wegen und Steigen können Sie sich ihnen gefahrlos nähern und das **Naturschauspiel** hautnah erleben. Gischtsprühend und mit Getöse donnern die Wassermassen zu Tal. Vor Jahren gab es Pläne, den Bach zu bändigen, Staudämme zu errichten, das Wasser durch Druckstollen abzuleiten und für die Energiegewinnung zu nutzen. Heftige Proteste verhinderten deren Ausführung. Der Spaziergang zu den Wasserfällen beginnt in Sand in Taufers (beschildert und markiert, Gehzeit 45 Minuten) oder an der Zufahrtsstraße nach Rein, beim Gasthof Toblhof (Parkplatz und beschilderter Zugang, Gehzeit 5 Minuten).

INFOS IN KÜRZE

Ab 5 Jahre

Halbtagesausflug; das Kinder-Rafting dauert etwa 2½ Stunden; die Zeit fürs Umkleiden und die Anfahrt zum Bootseinstiegsgelände sowie für die ausführlichen Unterweisungen in die Verhaltensregeln und die Lenkkommandos nicht mitgerechnet.

Für Kinderwagen nicht geeignet

Der Ausflug eignet sich von Juni bis Juli. Raftingfahrten stehen bei jedem Wetter auf dem Programm, auch bei Regen, nass wird man sowieso!

Keine Schwierigkeiten; Schwimmkenntnisse sind von Vorteil, für Kinder aber nicht unbedingt erforderlich.

Badehose einpacken! Die komplette übrige Ausrüstung – Neoprenanzug, Spritzwasserjacke, Schwimmweste, Helm, Neoprenschuhe und selbstverständlich Paddel und Luftkammern-Boote – wird gestellt.

Bei Bruneck ins Tauferer Tal abzweigen und bis Sand in Taufers fahren.

Bus (Nr. 450) verkehrt im Halbstundentakt ab Bruneck bis Sand in Taufers.

2 Stunden Raften für Kinder bis 12 Jahre: 18 €; ab 13 Jahre: 22 €; Halbtagestour auf der Ahr für Familien: 30 € (bis 12 Jahre) bzw. 35 € (ab 13 Jahre)

Mai bis Oktober

Rafting Club Activ, Ahrntaler Straße 22, 39032 Sand in Taufers, Tel. und Fax 0474 678422, www.rafting-club-activ.com; die Firma betreibt auch einen Hochseilgarten!

Tourismusverein Sand in Taufers, Tel. 0474 678076, www.taufers.com

Gasthof Alte Mühle, St. Moritzen, Sand in Taufers, direkt an der Ahr, Kinderspielplatz, Kinderteller, Reservierung wird empfohlen. Tel. 0474 678077, Di Ruhetag

Hotel Gasthof Bad Winkl, liegt nahe dem Wanderweg zu den Reinbach-Wasserfällen, im August warme Küche, sonst kleine Imbisse, großer Garten, schöne Lage, Kinderspielplatz, Kinderteller. Tel. 0474 678044, kein Ruhetag

53 Vom Kletterturm auf die Gorillarutsche

IN DEN KURPARK VON NIEDERDORF

Der etwas verstaubte Begriff „Kurpark" wird der schönen, großzügig angelegten Anlage nicht gerecht. Die Gemeinde Niederdorf hat auf fünf Hektar ebenem, von der jungen Rienz und einem kleinen Bächlein durchflossenem Gelände ein tolles Ausflugsziel angelegt. Eltern und Kinder können hier bei schönem Wetter viel erleben – oder einfach nur relaxen. Während die einen auf der Wiese mit Tischen und Bänken lesen oder faulenzen, unterhalten sich die anderen an den Spielgeräten.

Was Kindern gefällt

Die Kleineren lieben den großen Kinderspielplatz, der Hit ist hier der Sandkasten mit dem Bagger, planschen am kleinen Bach, nützen die Schaukeln, Wippen, die lange „Seilbahn", den Kletterturm, die Rutschen, die Kletterburg und das Karussell. Die etwas Größeren zieht es auf die andere Rienzseite ins Adventureland: Dort sorgen Hängebrücke, Kriechtunnel, Megaliane und Gorillarutsche für ein bisschen Nervenkitzel.

Tipp

Ein schöner Spaziergang führt vom Kurpark zum Minizoo „Camping Olympia". Der Weg ist eben, gut mit Kinderwagen und Rollstuhl befahrbar und bietet Stadtkindern einen wahren Augenschmaus: Häschen, Ponys, Schwäne, Enten, Ziegen … das sind nur einige der Tiere, an die Kinder ganz nahe herankommen. Gehzeit hin und zurück etwa 1 Stunde.

GESCHICHTE UND GESCHICHTEN

Bei Errichtung des Kurparks wurde eine schon früher bekannte Heilquelle wieder gefasst und damit eine Kneippanlage gespeist: Ein idealer Ort, um sich nach einer Wanderung zu erholen und zu regenerieren. Die Anlage besteht aus verschiedenen Anwendungsbecken für Arm-, Gesichts- sowie Kniegüsse. Bei Kindern besonders beliebt und lustig anzusehen ist das Wassertreten: Die Kneippjünger waten im Storchenschritt durch die Becken, mit hochgekrempelten Hosenbeinen oder hochgerafften Röcken und – aufgrund des eiskalten Wassers – mit zu Grimassen verzogenen Gesichtern. Pfarrer Kneipp empfahl auch das Barfußlaufen. Es ist ein sinnliches Erlebnis, das entspannt und obendrein zur Linderung vieler Beschwerden beiträgt. Der Barfußweg im Kurpark bietet eine gute Gelegenheit, einmal mit bloßen Füßen Steine, Kiesel, Erde, Gras, Zweige, Rinden, Tannenzapfen und vieles mehr zu erspüren.

INFOS IN KÜRZE

Ab 2 Jahre
2 Stunden
Für Kinderwagen geeignet
Am besten bei schönem Wetter im Sommer
Freizeitkleidung
Am östlichen Ortsrand von Niederdorf; Parkplatz
Niederdorf ist mit Bus (Nr. 402) und Bahn erreichbar.
Park ist frei zugänglich. Tennisplätze, Grillstelle, Kneippanlage und Bocciabahn nur gegen Bezahlung (vormerken!)

Der Park ist ganzjährig zugänglich.
Tourismusverein Niederdorf, Bahnhofstraße 3, 39039 Niederdorf, Tel. 0474 745136, www.niederdorf.it
Gasthof Weiherbad, nettes Hotel-Restaurant mit Terrasse und Biergarten, Kneipp-Menü, unmittelbar beim Kurpark. Weiherweg 7, Niederdorf, Tel. 0474 745197, www.weiherbad.suedtirol.net, Sa Ruhetag
Tennisbar im Kurpark, Mai bis September, Tel. 340 8946194

54 Magischer Wald

IN DIE WALDWUNDERWELT VON TOBLACH

Gleich hinter dem Naturparkhaus in Toblach beginnt ein bequemer Erlebnisweg zum Thema Wald. Er führt ohne besondere Steigungen durch Fichten- und Föhrenwald bis zu einer großen Lichtung. Dort liegt ein außergewöhnlicher Spielplatz – ein Naturabenteuer und Geheimtipp für alle, die gern springen, spielen, kraxeln und tollen. Ganz nebenbei lernen die Jungen, aber und auch die Erwachsenen, denn der Spaßfaktor animiert jeden, so einiges über den Wald und seine Bewohner.

Was Kindern gefällt

Die große Holzplattform, eine Art Bühne, ist das zentrale Element des Spielplatzes. Ähnlich den Wurzeln eines Baumstumpfes weisen Strahlen zu den einzelnen Stationen: Rutsche, Kletterbäume, Spechtbaum zum Hineinschlüpfen, mit weichen Rindenabfällen ausgelegter Barfußpfad. Weitere Stationen sind die großen bunten Waldpilze, der munter plätschernde Brunnen und das große geflochtene Vogelnest zum Kraxeln. Aufklappbare Tafeln erläutern spielerisch Wissenswertes zum Wald als Lebensraum. Die aus Baumstämmen geformte Felsenlandschaft lädt zum Klettern ein. Auch unter der Plattform, im Fuchsbau, halten sich die Kleinen liebend gern auf. Die Häuschen des Baumdorfes, ausladenden Fichtenstämmen nachempfunden, mit Treppen, Fenstern und Türen, eignen sich zum Versteckenspielen. Lustig sind auch die großen Holzschnitzereien aus Wurzelstöcken: Köpfe, Masken, Tiere, die längs des Weges den Spaziergänger erfreuen.

Tipp

Auf dem Walderlebnispfad, wenige Gehminuten vom Naturparkhaus im Kulturzentrum Grand Hotel Toblach entfernt, stoßen die Spaziergänger auf eine Installation von 21 kreisförmig angeordneten halbierten Baumstämmen, die mit erläuternden Tafeln versehen sind. Es handelt sich um ein **keltisches Baumhoroskop**, an dem möglicherweise die Eltern größeres Interesse finden als zumindest die kleineren Kinder. Während die einen die Erklärungen und den Kalender studieren, können die anderen ja zwischen den Baumsäulen tollen. Nach alter Überlieferung werden dem Jahreskreis 21 Bäume zugeordnet: Deren Charaktereigenschaften seien auf die Menschen übertragbar, die im jeweiligen Zeitraum geboren wurden. Der keltische Ursprung des Horoskops ist nicht gesichert, unbestritten ist freilich der umweltpädagogische Nutzen; schließlich wollen selbst naturkundlich weniger Interessierte den ihnen zuordenbaren Baum und seine Eigenschaften näher kennenlernen.

in der Wald-Wunder-Welt

GESCHICHTE UND GESCHICHTEN

Auf dem Friedhof von Toblach steht ein **seltsamer Grabstein**: Er zeigt einen Ritter in betender Haltung mit einer Kette um den Hals. Die Sage berichtet, dass dieser Ritter mit dem Namen Christoph Herbst von der Herbstenburg einen Landstreicher in seinen Schlossturm sperren und ihn dort irrtümlich verhungern ließ, während er selbst Feste feierte. Seine Gemahlin, die Edeldame Regina, hörte in den Nächten zwar ein Stöhnen und fernes Klopfen, dachte aber, dies käme vom Sturmwind, der an den Fensterläden und Dachschindeln zerrte. Als der Ritter vom Tod des Landstreichers erfuhr, beschloss er seine Schuld büßen, legte die Kette, mit der der Unglückliche im Kerker gefesselt war, um den Hals und pilgerte so nach Rom; selbst nach seiner Rückkehr legte er die Kette nicht ab und trug sie bis zum eigenen Tod.
Die Herbstenburg mit den Rundtürmen steht unmittelbar neben dem Friedhof in Toblach, sie wurde um 1500 von den Brüdern Caspar und Christoph Herbst zu einer wehrhaften Anlage umgebaut. Sie ist heute im Privatbesitz einer adeligen Familie und nicht zugänglich.

INFOS IN KÜRZE

Ab 4 Jahre
Mindestens 1 Stunde
Für Kinderwagen geeignet, fein gekiester Spazierweg
Der Ausflug eignet sich von Frühsommer bis Herbst bei schönem Wetter.
Freizeitkleidung
Toblach, Naturparkhaus im ehemaligen Grand Hotel Toblach
Vom Bahnhof Toblach der Pustertaler Bahn sind es wenige Minuten zum Naturparkhaus.
Freier Zutritt
Ganzjährig

Tourismusverein Toblach, Tel. 0474 972132, www.toblach.info
Naturparkhaus Toblach, Kulturzentrum Grand Hotel Toblach, Dolomitenstr. 1, 39034 Toblach, Tel. 0474 973017, www.provinz.bz.it/naturparke (siehe > Naturparkhaus Sextner Dolomiten > Naturparkhaus > Naturerlebnisweg)
Bar Pizzeria Sportzone, viel Platz im Freien hinter dem Haus im Gratschwaldele, Naherholungszone mit Spielgeräten, ideal zum Herumtollen. Gustav-Mahler-Str. 24, Tel. 0474 972529, nur in der Saison geöffnet, kein Ruhetag

55 Alles Rauch?

INS FERNHEIZWERK TOBLACH

In Zeiten, wo Energiepreise unerbittlich steigen, sollte das Bewusstsein für den nachhaltigen Umgang mit Ressourcen bereits bei Kindern geweckt werden. Der Besuch des Fernheizwerkes Toblach-Innichen ist somit nicht nur spannend, sondern ein wichtiger Schritt hin zu umweltbewusstem Denken. Das Heizwerk beliefert die beiden Gemeinden mit umweltfreundlicher, thermischer Energie. Der Rundgang vermittelt die Funktionsweise des Kraftwerkes, informiert über den erneuerbaren Brennstoff Hackschnitzel sowie über die Vorteile für Wirtschaft und Umwelt.

Was Kindern gefällt

Die imposante Technik beeindruckt: Stahl, Röhren, Türme, große digitale Temperaturanzeigen – alles ist über einen verglasten Schaugang einsehbar, den ersten seiner Art in Europa. Leicht verständlich und mit einem Frage- und Antwortspiel wird der Weg des Brennstoffs Hackschnitzel erläutert: vom nachwachsenden Holz des Waldes über die Verarbeitung und den Einsatz im Heizwerk. Die Stromerzeugung mittels dampfbetriebener Turbinen, wird für Kinder anhand eines Dynamos veranschaulicht: Mit einer Handkurbel bringen sie eine Glühbirne zum Leuchten. Draußen türmen sich die Hackschnitzel zu gelb-braunen Halden, ein riesiger Schaufelbagger gräbt sich gefräßig in deren Flanken und holt den Nachschub für die Brenner.

Tipp

Der Besuch des Fernheizwerks lässt sich ideal mit dem nahen Erlebnisweg WaldWunderWelt kombinieren, dort wird der Sinn für den nachwachsenden Energieträger Holz geschärft. Auch wer auf dem Pustertaler

Radweg unterwegs ist oder im Winter mit Langlaufskiern auf der Loipe skatet, sollte das direkt an der Strecke liegende Fernheizwerk nicht links liegen lassen.

GESCHICHTE UND GESCHICHTEN

Klimawandel und Treibhauseffekt versus Energieeffizienz und Einsatz erneuerbarer Energien – das sind Schlagworte, die selbst die Jüngsten schon gehört haben. Fossile Brennstoffe werden knapp, Sonnen-, Wasser- und Bioenergie soll gefördert werden. 2008 stammten 50 % der Energie in Südtirol aus alternativen Quellen, ein internationaler Spitzenwert! Zudem werden mit dem in Südtirol entwickelten und international anerkannten Konzept des Klimahauses gewaltige Mengen an Energie gespart: In Südtirol gibt es über 1000 solcher Klimahäuser. Ihre Technik und die umweltschonende Energiegewinnung sind mittlerweile zu einem Exporthit heimischer Unternehmen geworden. Diese Themen sind zwar in aller Munde, nach dem Besuch des Fernheizwerks aber wird vieles verständlicher – und gewiss nicht nur in den Köpfen der Kinder.

INFOS IN KÜRZE

Ab 6 Jahre
Mindestens 20 Minuten für das Werk
Für Kinderwagen und Rollstühle geeignet
Bei jedem Wetter
Freizeitkleidung
In Toblach von der Pustertaler Staatsstraße Richtung Bahnhof abzweigen.
Vom Bahnhof Toblach der Pustertaler Bahn sind es wenige Minuten zum Fernheizwerk.
Eintritt frei

Ganzjährig, Mo–Fr, 9–17 Uhr
Fernheizkraftwerk Toblach-Innichen, Bahnhofstraße 8, 39034 Toblach, Tel. 0474 973214, www.fti.bz. Ideal für Schulklassen.
Parkhotel Bellevue, Traditionshaus in Neutoblach, auch Tagesgäste sind willkommen. Gemütliche Stube, hausgemachte Kuchen, großer Park mit Kinderspielplatz. Dolomitenstr. 23, Tel. 0474 972101, www.parkhotel-bellevue.com, nur in der Saison geöffnet, kein Ruhetag

56 Kapitän im Ruderboot

ZUM TOBLACHER SEE

Durch das Höhlensteintal fließt die junge Rienz Richtung Pustertal. Vor Toblach erweitert sie sich zu einem stattlichen, seichten See. Dieses auf 1250 Meter Höhe gelegene Gewässer, eingebettet in eine grandiose Landschaft von Wäldern und steil aufragenden Felswänden, ist ein beliebtes Ausflugsziel für Einheimische und Sommerfrischler. An seinem Südwestufer verleiht das Seerestaurant Tret- und Ruderboote, mit denen kleine Kapitäne „über den Teich schippern" können.

Was Kindern gefällt

Einmal **Kapitän spielen**, und sei es nur im bescheidenen Holzboot – „Schiffchen fahren" ist allemal ein Erlebnis! Am Toblacher See gibt es neben den leicht zu handhabenden bunten Plastik-Tretbooten mit Steuerknüppel auch schöne, altmodische **Holz-Ruderboote**. Es braucht schon etwas Übung, um den bockigen Kahn dorthin zu manövrieren, wo die Besatzung hin will. Wenn den Erwachsenen die Luft ausgeht, nehmen kleine Steuermänner altklug die Ruder selbst in die Hand.

Tipp

Der **Naturerlebnisweg Toblacher See** bietet eine lohnende kleine Wanderung, die in knapp zwei Stunden um den See führt, auch für Kinderwagen und Rollstühle geeignet. Info-Tafeln erläutern unterwegs die ökologischen Besonderheiten. Nur Hartgesottene wagen sich zum Baden in die kühlen Fluten. Im sauerstoffreichen Wasser des 14,5 Hektar großen, aber keine vier Meter tiefen Sees tummeln sich Fische, der flache sumpfige Uferbereich bietet vielen bedrohten Pflanzen- und Tierarten einen idealen Lebensraum. Stockenten, Zwergtaucher und Graureiher brüten hier.

GESCHICHTE UND GESCHICHTEN

Dem aufmerksamen Beobachter fallen auf der Strecke zwischen Toblach und Cortina, mehrere Häuschen auf; es sind die Stationsgebäude der Schmalspurbahn, die hier bis 1963 vorbeiführte. Vor dem Ersten Weltkrieg gab es, beflügelt vom Nobeltourismus jener Jahre, einen Plan für eine Bahnlinie bis nach Cortina, damals noch Teil Österreichs. Doch mit dem Kriegseintritt Italiens änderte sich die Lage schlagartig. In Windeseile wurde die Bahn von den Österreichern als Zubringer zur Dolomitenfront errichtet. Nach Kriegsende bauten die Italiener sie fertig und führten sie bis Calalzo südlich von Cortina weiter. Zur Winterolympiade 1956 in Cortina noch in vollem Einsatz, wurde sie 1963 stillgelegt. Auf der teilweise gekiesten, naturbelassenen einstigen Bahntrasse tummeln sich im Sommer Radfahrer, im Winter Langläufer.

INFOS IN KÜRZE

Ab 6 Jahre, Bootsbenutzung nur in Begleitung von Erwachsenen

2 Stunden

Für Kinderwagen geeignet, breiter Spazierweg ab Toblach

Der Ausflug eignet sich von Frühsommer bis Herbst

Freizeitkleidung

Die Zufahrt zum See zweigt von der Straße Toblach–Cortina ab, Hinweisschilder „Camping". Der Parkplatz am Weiher ist gebührenpflichtig.

Bus (Nr. 445) ab Toblach zum See

Leihgebühr für das Boot für eine halbe Stunde: 5 €

In der Sommersaison geöffnet

Tourismusverein Toblach, Tel. 0474 972132, www.toblach.info

Seerestaurant, Bootsverleih, schöne Seeterrasse, in der Hochsaison stark besucht, Tel. 0474 973267

Seeschupfe, gemütliches, rustikales Restaurant und Café, Terrasse. Am Eingang des Campingplatzes Tochlacher See gelegenen. Tel. 0474 976647

57 Spaß im Fun Bob

DIE ERSTE SOMMERRODELBAHN SÜDTIROLS

In Innichen liegt eines der beliebtesten Ausflugsziele des Hochpustertals: die Sommerrodelbahn Fun Bob. Auf 1,7 Kilometer Länge sausen die Schlitten auf einer Einrohrschiene mit einer maximalen Geschwindigkeit von zehn Metern pro Sekunde zu Tal und überwinden dabei einen Höhenunterschied von 314 Metern. Die Fahrer sind mit einem Beckengurt gesichert, zusätzlich gibt es ein ausgeklügeltes Bremssystem. Dem Fun im Bob steht damit nichts mehr im Wege!

Was Kindern gefällt

Schon ab sieben Jahren können die Kids alleine fahren! Jüngere müssen von einer mindestens 15-jährigen Person begleitet werden. Kurven, Brücken und Steilstücke mit bis zu 40 % Gefälle – da kommt Nervenkitzel auf! Jeder bestimmt die Geschwindigkeit selbst, es ist ganz einfach: Hebel vor heißt Gas, Hebel zurück heißt Bremse. Schon das Zuschauen von der Talstation aus macht Spaß. Ein Sessellift bringt die kleinen und großen Besucher wieder in die Höhe, zur nächsten rauschenden Fahrt!

GESCHICHTE UND GESCHICHTEN

Innichen ist das Tor zu den berühmten Dolomiten. Mitte des 19. Jahrhunderts wurde das Hochpustertal zum beliebten Urlaubsziel, der Bau der Brenner- und der Pustertalbahn erleichterte den europäischen Nobeltouristen die Anreise. Große Hotels, die modernsten ihrer Zeit, entstanden. Noch begnügten sich die Sommerfrischler damit, die einmalige Bergwelt von unten zu bestaunen. Erst in der zweiten Hälfte des 19. Jahrhunderts kämpften sich österreichische, italienische und englische Bergsteiger in Begleitung einheimischer und gebietskundiger Bergführer mutig und neugierig zu den bisher als unbesteigbar geltenden Gipfeln empor. Die stärkste Anziehungskraft übten dabei die Drei Zinnen aus: 1869 wurde die große Zinne bezwungen, 1879 die westliche, 1881 die Kleine Zinne. Aus der ganzen Welt reisten wagemutige Kletterer an, um ebenfalls die Besteigung dieses weltberühmten Bergmassivs zu versuchen. Bis heute haben die kühnen Dolomitengipfel nichts von ihrer Anziehungskraft und Faszination verloren und locken jährlich viele Tausende Bergbegeisterte an.

Tipp

Nicht weit vom Gelände der Sommerrodelbahn entfernt liegt im Wald und trotzdem aussichtsreich eine geheimnisvolle Ruine, das Wildbad Innichen. Der riesige Bau lässt den Glanz vergangener Tage erahnen. Vor 100 Jahren noch von Leben erfüllt und von noblen Kurgästen besucht, dämmert der verfallende Hotelkomplex nun einer besseren Zeit entgegen. In der Nähe entspringen Heilquellen, die fünf verschiedene Wässer spenden: Kaiserwasser, Lavaredo, Schwefelquelle, Eisenquelle und Candida, die teilweise kommerziell vermarktet werden. Die Kaiserwasser GmbH füllt das gleichnamige Mineralwasser in Innichen ab.

Der Wanderweg (Nr. 105) zum Wildbad beginnt im Haunoldweg am südlichen Ortsrand von Innichen, in der Nähe des Haunoldlifts. Der Weg führt anfangs flach auf der taleinwärts linken Seite Richtung Sexten; etwa 10 Minuten nach Querung des Baches und der Staatsstraße zweigt rechts Weg 7 ab und steigt zum Wildbad Innichen an. Der Rückweg ist auch über Waldweg Nr. 8 möglich, so ergibt sich eine unschwierige Rundwanderung. Tourenlänge ca. 5 km, Gesamtgehzeit gut 1½ Stunden, 280 Höhenmeter.

INFOS IN KÜRZE

Ab 4 Jahre; Kinder bis 7 Jahre fahren in Begleitung von mindestens 15-Jährigen.
1 Stunde für Auf- und Abfahrt
Für Kinderwagen nicht geeignet
Sommer, von Anfang Juni bis Ende September
Freizeitkleidung
Am südwestlichen Ortsrand von Innichen, bei den Haunold-Liftanlagen; Parkplatz
Vom Bahnhof Innichen der Pustertaler Bahn sind es wenige Minuten zur Sommerrodelbahn.
Talfahrt Fun-Bob: Erwachsene: 5,10 €; Kinder bis 15 Jahre: 3,60 €; inkl. Bergfahrt Sessellift: Erwachsene: 9,80 €; Kinder bis 15 Jahre: 7 €; Ermäßigungen mit 3er- bzw. 5er-Block sowie für Senioren, Gruppen und Familien.
9–12.30 und 13.30–17.15 Uhr, in der Hochsaison bis 17.30 Uhr und ohne Mittagspause.

Fun Bob, Haunold AG, Schranzhofer Str. 26/B, 39038 Innichen, Tel. 0474 913277, www.funbob.it
Tourismusverein Innichen, Pflegplatz 1, 39038 Innichen, Tel. 0474 913149, www.innichen.info
Haunoldhütte, Restaurant an der Bergstation, Liegewiese, Sonnenterrasse, Kinderspielplatz und Streichelzoo. Tel. 0474 913676

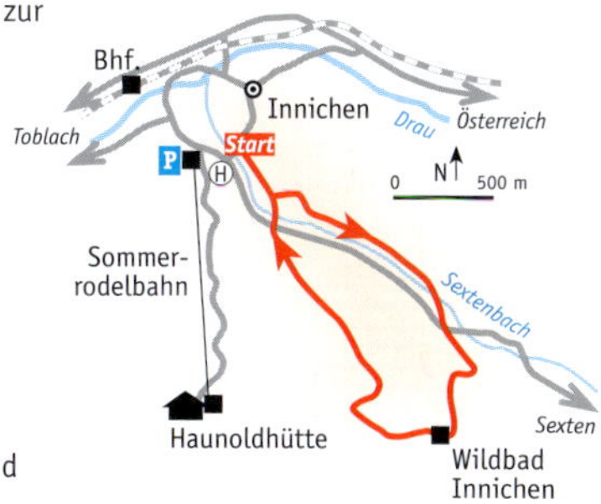

„Mama, die Wiesen riechen so lecker!“

In den Familienhotels Südtirol spielt die Natur eine große Rolle

Was findest Du besser? Gummibärchen, Nintendo, Comics? Kuscheln mit Mama und Papa? Oder das Vogelnest im Birnbaum, den wir bei der Wanderung entdeckten, die 78 Grashüpfer, die wir in der Bergwiese zählten, oder den Matschspielplatz vor der Tür?

Meine Tochter Lisa, 7 Jahre, zur Zeit Gast in einem der 24 Familienhotels Südtirol, antwortet sofort: „Ist doch klar. Das Naturdingsbums.“ Warum das denn? „Weil ich den ganzen Tag draußen spielen darf und jetzt weiß, warum Grashüpfer so dicke Oberschenkel haben, und weil die Wiesen so lecker riechen, und weil ich hier im Hotel viele neue Freunde gefunden habe. Wir sind jetzt eine richtige Naturdingsbumsbande.“ Aha. Während ich im Liegestuhl mein Buch lese, die Berge hinauf und hinunter wandere und auf den Hütten die heimische Küche genieße, begeistert sich Lisa für die außergewöhnliche Kinderbetreuung des Hotels: Kräutersammeln, Wiesenwerkstatt, Nachtwanderung, dazu der Naturspielplatz vor der Tür mit Baumhaus und Kletterfelsen, ein ganzheitliches Programm, das den Kindern die Natur spielerisch vermittelt. Südtirol zum Schnuppern, Fühlen und Schmecken eben. Eine tolle Idee.

Familienhotels Südtirol | Tel. +39 0471 999 990
info@familienhotels.com | www.familienhotels.com

FAMILIEN HOTELS
SÜDTIROL / ALTO ADIGE